U0044076

COUNSELLING
TAROT

諮 商 塔 羅

問對問題才能找出潛意識裡的真相，
明辨塔羅的指引，實踐真正的靈性成長

諮商心理師
陳盈君
—— 著 ——

作者序   5

1 第一章│諮商塔羅與事前準備   7

一、什麼是諮商塔羅?與傳統塔羅的差異為何   8

二、諮商塔羅的優點以及對生命的助益   8

三、諮商塔羅的架構:主副牌、火風水土   12

四、塔羅的數個系統與原理   12

五、關於主牌大阿爾克那   14

六、關於副牌小阿爾克那   14

七、關於火風水土的架構   15

八、引導對話與核心概念   17

九、直覺   23

十、準備與使用工具   26

十一、開牌儀式   29

2 第二章│生命靈數與主牌大阿爾克那0-9   33

生命靈數   34

主牌大阿爾克那0-9   38

數字之間的互動關係   82

3 第三章│主牌大阿爾克那10-21   85

4 第四章│副牌小阿爾克那   111

小阿爾克那總論   112

權杖牌組   118

寶劍牌組   146

聖杯牌組   174

錢幣牌組   202

5 第五章│解讀心法與牌陣介紹   231

自我應驗預言   232

如何問對問題   233

牌陣介紹   238

如何增進解牌功力   250

回家的道路，就在你面前展開

———

　　塔羅與數字，是我踏進神祕學領域的第一個系統，帶領我進入另一個浩瀚的自我探索旅程。連接上塔羅系統，簡直就是一個天啟。後來，我和丹尼爾老師學習「卡巴拉＆生命樹」，發現這個系統蘊含著博大精深之靈性世界的奧祕知識，才真正明白，塔羅（Tarot）為何會讓我如此著迷，因為這是上帝給猶太人一條「回家的道路」呀！

　　帶著自己回家，是的！讓我重新憶起，記得怎麼回家、帶自己回家。

　　同時，心裡想的是，這麼美麗的系統，怎能只有我知道。獨樂樂不如眾樂樂，我也想要分享給更多人，讓每個人一起回家，連結靈性世界的天啟！

　　接觸塔羅與數字那一年，我正在逢甲大學擔任諮商心理師，也在通識教育中心教課，已是一位專業的諮商心理師。因著塔羅，發展出了另一個管道，跨接「心理諮商」與「塔羅數字」，覺得新鮮有趣、好玩無比，於是我開始在通識課程中帶領學生認識自己。

　　「盈君老師在課程中教塔羅牌耶！」不得了！消息傳到各個學院系所，我的課竟然成了在預選時就被秒殺的通識課。排課的助教注意到這件事，於是邀請我直接開成一系列獨立的沙龍課程（名額一樣是秒殺）。不只學生來報名、全校的教職員也搶著報名，甚至有旁聽生說：「沒有名額沒關係，可以讓我進去嗎？我站著聽課都願意！」接著，接連好多年，各個公部門、各層級的學校、社會服務機構、保險業務公司、企業內訓等，都會特別邀請我去教「塔羅牌與生命靈數」，幫助了許多人找到問題癥結點，簡單易懂、直指核心！

　　如果你懂塔羅與數字系統，你就是全校最紅的老師、全公司人緣最好的人！因為大家對自己充滿好奇、想問各種問題，希望能在塔羅與數字中找到參考線索。

　　當時，我在人格分類系統中找尋「塔羅」的定位，以「符號圖像直覺、生日數字組成結構、人格特質分析」的三大基礎，加上諮商問話方式及開放引導

（非論斷與封閉），整合出獨創的諮商塔羅的架構。幫助了好多學生、家長、一般大眾，解決了愛情問題、人際關係、親子困擾、生涯選擇障礙等，神準到驚人，給予每個有緣人生命提點與清晰指示！

　　世界上最神祕的生命就是我們自己，強烈渴望走上探索生命的旅程，在旅程中，我們認識自己是誰、有著什麼樣的性格、帶有什麼樣的天賦、在生活中需要注意些什麼，才能更好地活出自己。

　　透過提問與抽牌，釐清自己的盲點、解答了生活中的各種疑問，找到與靈性連結的管道與方式，就是塔羅系統給予我們的禮物。

　　幾年前，我便將多年來的個案諮詢心得、教學課程中的重點精華，一一整理成文字後存在電腦裡，等待時機與緣分成熟時問世。謝謝阿尼擔任這本書的主編，謝謝亞南讓《諮商塔羅》在漫遊者事業群出版，讓更多人可以因此受益。

　　塔羅與數字，是我的最愛，始終如一，願你們也深深愛上塔羅世界的樂趣。

　　準備好、深呼吸，敞開自己、接收生命給予的靈性啟示與領悟！

第一章

諮商塔羅與
事前準備

·一、什麼是諮商塔羅？與傳統塔羅的差異為何·

不看逆位：中性解讀

———

我希望大家能用中性的詮釋觀點來理解每張牌，每張牌都有正向與負向的含意，即使看到牌面的第一印象或許是可怕，或許是幸福，都會先有一個直觀的感受跳出來。但也可以嘗試做逆向的練習。在負面的牌義中，我們能找到正向的意義；在正向的牌義中，我們也能看見提醒的訊息。

因此，在本書的學習內容以及教學系統中，不使用逆位。如果你以前的塔羅學習經驗中包含逆位的話，希望暫時放下從前的記憶，把所有抽到的牌都轉成正位來看。講解並帶出正反兩面的訊息，是諮商塔羅系統的一大特色。這樣一來，不僅能去掉二元吉凶的論斷，並且在解讀時更加全面，把所有需要知道的訊息傳達給抽卡者，讓他做出最後的選擇與決定。

我試圖讓每張牌的訊息都能回歸到「合一」且「中性」的觀點來理解，中性的特質直接反映了「正與反」，反映了「光明跟陰影」。我直接用「牌義 vs. 課題」來取代牌的「正位 vs. 逆位」。希望在解讀、引導的時候，可以全面性地傳達牌義的訊息。

用詞定義：解讀（Reading）

———

承接上述的整合觀點，論斷的角度在本書不適用，因此「占卜、算牌」這樣的用詞也在本書中稍作調整，改用「解讀」（Reading）來協助抽牌者了解自己此時此刻的狀態。

·二、諮商塔羅的優點以及對生命的助益·

諮商塔羅以「個案諮詢取向」的引導問話為出發，以了解「抽牌者現在的心境反映」為首要，不以論斷結果為前提。把每一次抽牌都當作潛意識要給予我們的訊息，在內在豐盛且全知的資料庫中，提取我們想要得知的靈感與指引。

同時，我們也能夠帶領抽牌者理解「Know How」的概念，了解「為何生命中發生了這件事」。例如詢問感情時，可以把問題帶得更深一點：「為何還沒有感情的對象出現？」；想知道身體健康的問題，可以問「為何我會生病？為何這種疾病會發生在我身上？要讓我學習什麼？」等，引導大家透過塔羅諮詢的過程，破解問題背後的真相。

每一張牌都有「要學習的功課」，功課的訊息往往和牌義不一樣，甚至剛好相反。「牌義」是牌面上的情境與描述呈現，學習的「功課」與練習的方向則是另一回事。每張牌都有牌義和功課，同時也帶出了隱藏其中的「信念」，78張牌就有78個不同的信念。信念的句型是，我相信「……是好的、是對的」。信念不只是單純的想法，而是由整套想法及價值觀所構成的人生架構，我們的生命就是倚靠著這些信念而活。信念往往帶給我們的不是喜悅，而是痛苦與限制，因此在學習塔羅的過程中，我們有機會重新檢視自己的信念，活出輕鬆愉快的人生。

學習諮商塔羅，透過每一張牌的學習，連結到個人的生命經驗。不需要死記牌義，自然融合在自己身上、內化成自己的一部分，自然會找到生命的智慧解答。

塔羅牌就像是一面鏡子，像是很懂我們的老朋友，不是要尋求安慰，而是看見自己真實的心理狀態，犀利地給予自己真實的切入點，看見心中的盲點，進而獲得支持與指引。

本書非常適合「學過牌義但仍不會解牌的人」。從諮商的角度切入，加上主牌人格原型及生命靈數的系統整合，帶領大家找出「問題、人、牌」這金三角的關聯。透過本書的指引，帶領大家走上自己的英雄探索旅程。你可以不用成為塔羅師，但是你不能不探索自己！

● 解讀案例

Q 無論什麼事，只要抽到太陽就是好的嗎？

A 揭開真相的過程可能是痛苦的。因為必須要把真相顯露出來，才能重建光明。所以可能現階段是隱藏的。太陽是誠實，也是看清真相。有時候真相並不是在自己這邊的，也可能正在處理一個很混沌的狀態。抽到這張牌，

9

我認為接下來會有重建光明的可能性。

我覺得塔羅很有趣的一點在於，當牌面都朝下的時候，其實是在潛意識的層次，一旦抽出牌，其實就檯面化了。塔羅牌將內在隱藏的東西具體化，隨即浮上檯面。特別是22張主牌大阿爾克那，和人生必經的大主題都有關，也代表了我們生命中22個原型。

對我來說，塔羅是工具，因此我不會武斷地判斷狀況。詢問者想要從我身上獲得二元答案，我會將他抽出來的牌面完整解釋，並引導他思考這與他當下狀態的關聯，請他做出最適合自己的決定。

Q 問外遇狀況，抽到太陽牌，除了「真相大白，沒辦法隱藏」的解釋外，還有其他解釋嗎？

A 我認為解牌要順著脈絡梳理。他在現場抽到牌的脈絡是，他覺得這件事已經到講清楚的時刻，但心裡仍有許多擔憂。

曾經有個案例，在諮商的過程中，他談到自己外遇愛上了另一個女人，其實他很痛苦。我同理他，我相信他在這個角色裡一定很不好受，因為兩邊都是他重視的人，因為他的本意不是要傷害對方。談到這裡，我請他抽牌，抽到太陽牌，我就說看起來這件事真的無法再隱藏了。

我其實是順著脈絡解讀，比較像是鼓勵，我覺得這件事情並不會如他想像中的這麼糟糕，因為有個太陽的力量，真誠很重要，開誠布公地和太太好好談談，他和太太的關係或許會朝一個很重要且好的方向去發展。像是回到他目前的婚姻關係來處理這件事。我個人也認為，如果沒有處理好原本的關係，就進入下一個關係，其實要付出更多的能量去處理收尾，以及面對沒有處理且相同的課題又會捲土重來的功課，直到好好處理完為止！我也會希望，無論做出何種選擇，對他來說處理清楚都是好的。和太太是否離婚，或和外遇對象分手，甚至其他選擇都可以，因為這些都只是表象問題，不是重點所在。因此，我還是用這張牌引導他回到自己，揭開自己不想去面對的布幕，讓真相顯現。我認為這才是我可以幫上忙的部分。

● 牌卡的主要基調與同頻共振

每一套塔羅牌都會與使用的人形成獨特的連結，不同特質的使用者會激盪出不同頻率的塔羅能量。因此，每套塔羅都有其主要基調，反映出塔羅本身最重要的

服務特質，你的塔羅牌具有這樣的頻率和特質時，就會特別吸引這樣的客戶與抽牌者、或尋求這類的問題或困擾的人來到你面前。而你就能剛剛好地給予服務，解決抽卡者希望得到回應的議題。

■ 日常練習

. . . .

如果你想寫塔羅日記，可以選一個時段，比如固定早上起床的時候抽，或是早上比較匆忙，晚上比較能靜下心，也可以選擇晚上抽。這兩個時段抽牌會不太一樣，早上抽牌比較像是打開新的一天，給自己一個鼓勵、指引與建議的訊息。晚上抽比較像是回顧，比如今天發生的狀況、人事物的互動，從中找尋是否有和這張牌對應的地方。兩種方式都不錯。我有個塔羅學生很有趣，早上抽牌但不看，直接壓在枕頭下就出門。因為他覺得自己很容易受影響，萬一抽到寶劍10，難免會對號入座，整日都不安寧，這樣有點痛苦。所以他想出這個方法，抽了但蓋起來不看，晚上回家再看看塔羅牌和今天的連結，替自己做總整理。

例 **抽到聖杯5**

牌面顯示情感的分離或合作關係的結束。牌面上有人背對著準備離開，他正在受苦。

我們要提醒自己，今天或是現在，這張牌要給予我們什麼樣的鼓勵，直接從切換焦點的方向去想：切換不同感受與看待的方式。先記下來，因為有可能中午或下午，你就會遇到什麼事。

如果沒有太多的感覺，可以當作是指引的鼓勵，鼓勵你今天多注意一點，這樣就可以了。

·三、諮商塔羅的架構：主副牌、火風水土·

塔羅牌共有78張，分為兩部分：

第一部分為主牌共22張，稱為大阿爾克那（Major Arcana），其意為「大祕儀」，每一張牌均有獨特的名稱與完整的意義（如魔術師、女祭司）。

第二部分為副牌共56張，稱為小阿爾克那（Minor Arcana）其意為「小祕儀」，牌分四組：權杖／火、寶劍／風、聖杯／水、五角星／錢幣／土，每一組牌包含10張數字牌（1到10）與4張宮廷牌（侍衛／風、騎士／火、皇后／水、國王／土），用以輔助大阿爾克那，深入細節。

78張塔羅牌都有其數字，也與卡巴拉系統[1]互相呼應。

78張牌如果是一本書，每張牌都代表不同的內容。想像一下，整本書的架構與目錄就像是主牌，22張牌就是目錄，共有22章，還有56個生活的細節與主題，56篇生活的小故事。我很喜歡用一本生命書的概念來理解塔羅，22章就像22個大架構，裡面有56篇小故事。生活的故事就包含火風水土四大元素。

抽到主牌或副牌皆有可能。主牌闡述的是大方向、生命階段的功課，副牌則是生活當中的事件，就是單一情境、單一畫面或狀態。所以會透過火風水土四大元素，說明生活事件的某些感受、物質、選擇、價值觀、想法。副牌會從生活的各個小面向當中來呈現，主牌則像是一本書的章節，總共有22個章節。用22個主架構與56篇小文章去描述生活中的點點滴滴。

·四、塔羅的數個系統與原理·

一、最原始的是馬賽塔羅（Marseille），圖案非常好認，尤其是副牌的數字牌簡單明瞭，保留數字的原型象徵力量。例如權杖A的牌面就是一支權杖，權杖2就是兩支權杖。馬賽系列的8號牌是正義，11號牌是力量，與偉特牌剛好相反。

二、萊德偉特（Rider Waite）塔羅，由偉特先生和史密斯小姐共同創造。

---

1 ｜十九世紀的神祕學家埃利法·勒維（Eliphas Levi）將塔羅牌與古猶太密教卡巴拉（cabala）聯繫在一起。他找出希伯來文 22 個字母與塔羅牌的對應，以及卡巴拉教義中的「生命之樹」（Life of Tree）中 22 條途徑與塔羅牌的對應。

潘密拉・科爾曼・史密斯（Pamela Colman Smith）小姐繪製塔羅牌，於1909年與黃金黎明協會[2]的成員亞瑟・偉特（Arthur E. Waite）先生一起創作完成。目前坊間最大宗的塔羅牌都屬偉特系統。而許多畫家也有自己獨特主題的繪製創作，都是偉特系統的延伸發展，例如動物系列、花草系列、世界名畫系列、天使系列等。

三、托特（Thoth）塔羅，由黃金黎明全成員克勞利（Aleister Crowley）創作，托特塔羅比較適合擁有塔羅與神祕學的基礎後再來學習，因為多了星座與行星能量的符號，加上顏色與卡巴拉，較為複雜，也適合用在冥想與提升自我的練習上。

我建議初學者可以從偉特系統開始，容易上手又好掌握。本書特別選用左西塔羅，以萊德偉特系統為發想，重新繪製，加上指引的訊息，讓大家都能輕鬆使用。

2 ｜黃金黎明協會（Hermetic Order of the Golden Dawn），又稱赫密斯派黃金黎明協會、金色曙光協會，是1888年在倫敦由一群神祕主義人士所建立的祕密組織。他們將塔羅牌、占星術、卡巴拉密宗結合在一起，在西方神祕學中占有著重要地位。

·五、關於主牌大阿爾克那·

主牌呈現了生命中人生必經的階段。每個人都必經的22個階段，每個階段都有各自的生命功課，而必經的生命課題會出現在主牌的訊息裡。主牌有22張，從0號愚者到21號世界，主牌最大的數字就是21號世界牌。主牌22張更代表了22個人格的原型，也是每個人內在的基本樣貌，人類集體潛意識的基本原型。

在本書的架構中結合了數字學，也就是大家耳熟能詳的生命靈數。生命靈數和一個人的生日與其個別數字加總算出來後的數字有關。著名數學家畢達哥拉斯（Pythagoras，西元前580-495年）相信，所有數字之間都具有靈性力量與基本頻率，因此，本書也將結合個人的生命靈數，一起來探索屬於我們的主牌與副牌。（在本書中，主牌皆以綠色表示。）

·六、關於副牌小阿爾克那·

副牌有56張，以四大元素「火、風、水、土」將副牌區分成四個不同組合，也就是四個小牌組：權杖、寶劍、聖杯、錢幣。

火元素：權杖
掌握權力、有行動力、有力量的，就像火焰燃燒一般。因此火元素的權杖牌組代表了行動層面。

風元素：寶劍
寶劍代表風的元素，可以想像揮舞寶劍的咻咻聲，就像風的聲音。風的特性也帶起了變動感，代表想法的變化性。因此風元素的寶劍牌組代表了想法與信念層面。

水元素：聖杯
聖杯代表水的元素，杯子是個裝水的容器，也帶有承接的概念，而水象徵情緒與感受。因此水元素的聖杯牌組特別容易連結想像，代表了內在情緒感受

的流動。

土元素：錢幣

錢幣就是金錢與物質，土元素的力量。人常說「有土斯有財」，從土地長出來的都可以換成錢。因此，土元素的錢幣牌組代表了物質、實際、務實的層面。

· 七、關於火風水土的架構 ·

撲克牌

———

撲克牌二黑二紅的花色，也可以用火風水土四元素來區分。紅色是紅心與方塊，黑色是黑桃與梅花。如果剛好手邊沒有塔羅牌，拿撲克牌照樣可以使用。紅心是聖杯，方塊（Diamond）是錢幣，有一個尖端的黑桃是寶劍，像樹木長出花朵的梅花是權杖。

陰與陽

———

接下來，還可區分出陰與陽。其實從符號形狀就能看出端倪，兩個長得比較像的就歸類成同一組。

陽：權杖和寶劍，都有一端是凸出的，這是陽性。陽性的力量是比較有力量的，甚至具有攻擊性。

陰：聖杯跟錢幣都是陰性，杯子是個裝水的容器，圓形的錢幣像個盤子或碟子。因此陰性的力量都屬於承接的、接納的、大地的。

在撲克牌系統中，紅色牌是陰性，黑色牌是陽性。

副牌架構

———

塔羅有56張副牌，分成四組，一組有14張。撲克牌裡面一組13張的組成是Ace、2至10、JQK，JQK分別是侍者、皇后、國王，稱作宮廷牌。而塔羅副牌一組有14張，數字牌10張A、2至10，宮廷牌侍衛、騎士、皇后、國

王共4張。（侍衛和騎士常容易搞混，只要記住：有騎馬的是騎士，侍衛不會騎馬，因為侍衛是站在國王身邊的保鏢。）

　　塔羅每組副牌包括A、2至10、4張宮廷牌。唸法是元素加上牌的名稱。例如聖杯A、聖杯2、聖杯皇后、聖杯侍衛、寶劍A、寶劍2、寶劍騎士、寶劍國王等以此類推。

·八、引導對話與核心概念·

在諮商塔羅的系統裡，焦點並不是牌，我建議將整本書的架構當作連結與諮商技巧的學習過程。牌卡只是一種工具、一個媒介，鼓勵大家用這種方式來運用你的所有工具，才不會被工具綁架。

就算背下很多書的內容，自認了解牌義，但面對當事人，要是沒辦法連結到他的生活困境，一直把焦點放在牌上，就容易當機。大部分人會卡在這裡，解不出牌。或是學了塔羅，卻不會解牌，無法引導當事人思考自己的生活，也無法帶給對方新的洞見，這樣相當可惜。我遇過很多這樣的學生，一開始就照著書解牌、背牌義，特別容易在解牌過程中卡住。我會希望把重點回歸到當事人、抽牌者，「人」才是真正的主角。

對話金三角

接下來是連我自己也受用無窮的「金三角對話練習」，能夠增加內在的覺察與探索練習，不只對於「諮商塔羅」的諮詢引導互動歷程很有幫助，對於自我對話也有很大的助益。

提問者：負責提問的角色，通常是引導者、諮詢師、牌卡解讀者。

回應者：負責回答內心的感受、想法與任何冒出來的訊息，通常是個案、當事人、抽牌者。

觀察者：負責三個面向的觀察，「提問者」如何提問、「回應者」如何回應、「觀察者」的自我觀察，通常是由提問者自己的觀察者眼光來擔任這個角色。

我們的內在，同時並存著這三個角色，自己對自己提問並回答，也能抽離出來觀察自己的對話與感受。自己抽牌時也是同時在這三個角色中來回切換。

在訓練助人者的諮商現場，這三個角色可以是三個不同的人，也就是三人小組演練：諮商師、個案、觀察員。在實際的一對一牌卡引導解讀時，只會有「諮詢師與個案」。

観察者

提問者 　　　　　　回應者

核心概念：釐清問題中的各種假設

提問者出場

在牌卡諮詢，或生活日常的互動中，請注意觀察自己提問的問句。

觀察自己在提問時帶著什麼樣的預設、意圖，也就是所謂的立場，或自身的看法與見解。帶著某種的立場或看法來提問，表示你心中已經有某種預設了。這個提問可以是開放式問句，也可以是封閉式問句，比如某人今天穿了毛衣、羽絨外套，外加一條圍巾，走進屋子裡，你問他：「你不熱嗎？」請問這是什麼樣的提問？你心中的預設是：「現在天氣很熱，你怎麼穿這麼多？！」或者看到別人穿得很奇怪的預設是：「我覺得你穿成這樣怪怪的！」

觀察者出場

我們要去觀察自己的預設是什麼，這其實沒有對錯好壞之分。先把評價放在旁邊，你要觀察的是：當你問出這個問題的時候，心中的預設是什麼？所以才會問出這個問題。當我們能夠這樣思考自己的時候，就有更多的覺知，這將會是個有很多機會去突破自己的過程。

帶著好奇心，不急著分析，直接現場觀察，理解假設背後的意義

提問與觀察一起合作

「為什麼要問這個問題，我在想什麼？我的意圖是什麼？我的預設是什麼？」這是非常有效的自我操練法，也是一種心法，在諮商、諮詢、引導別人的過程當中，你會開始覺知自己的起心動念，這樣的練習更能應用在生活裡，

你會帶著覺知，清醒地過生活。帶著好奇心來提問，而非帶著成見來提問。

回應者出場

現在，我們要練習回到此時此刻。

所以先問自己，現在有什麼感覺？只回應此時此刻的狀態，比如「我感覺……肚子鼓鼓的，我現在感覺肩膀有點緊，有點感覺……想要動一下脖子，同時很想吐氣。」

你會發現這段回應，雖然都是當下的反應，但因為我們太習慣分析了，一說到現在有什麼樣的反應和狀態時，會很習慣再加上分析。例如「我覺得左邊有點痠痛，左邊是陰性的能量，這應該是因為和我媽之間的關係……」。不要讓這麼多東西跑出來，後面的先停住，只觀察此時此刻的自己，先不論到底是和父母的關係還是童年經驗的創傷，先停在此時此刻，因為我們的頭腦，或說小我，會用很多方法來阻礙我們，離開此時此刻。「頭腦分析」就是一個隔絕我們接觸當下自我的阻礙。

回到當下，讓問題一個一個自動問出來

金三角並存

我們常容易落入分析之中，忘記也忽略了最重要的是，此時此刻對自己的身體做出觀察。身體，是很多人忽略的地方。除了觀察身體，進一步會覺察到自身的感覺、感受。接著會開始發現，「嗯，好像有一個念頭或想法跑出來」，這是連帶的，所以不要忘記此時此刻。當你覺得被一些念頭、雜念拉走的時候，只要深呼吸就可以了。那個呼吸會帶你回到當下。因此觀察者就變得很重要，內在有一個身為觀察者的自己，看自己此時此刻發生了什麼，看好奇的提問者會怎麼提問。觀察者會觀察兩個角色在你的內在對話。

如果觀察者發現，心裡有一個問題卻沒有問出來，他的功用就是去看見並指出：「為什麼你沒有問出來？被什麼卡住了？是什麼阻止了你的流動？是什麼讓你覺得不好意思，覺得問這個很笨……」覺察自己內心的阻礙，看看發生了什麼。

只觀察，不評判

——

有人會問，在金三角的練習中，會不會有「評判者」的角色？

在練習過程中，不僅「不要邀請評判者參與」，更要練習將腦子裡慣性出現的「評判者」角色去除，因為評判會落入好壞二元區分，而我們的頭腦已經很習慣去評論和論斷。中立的角色主要是觀察者，就是在一旁看著，沒有價值好壞判斷。雖然很難不去評價，但還是要嘗試練習，練習久了就會發現自己清明多了。

對於所有的經驗來說，經驗單純就是經驗而已，都是中性的，只有人的腦袋會去分辨這是好是壞，在做決定的時候，一定會有比較出現。我鼓勵大家運用這樣的經驗，回到單純、中性和觀察的狀態，就是純粹在一旁觀看自己的各種經驗。這會帶來極大的好處，讓你不會遺漏許多寶貴的訊息。因為在當事人敘述完狀況後，諮詢師要是先下判斷，可能就會依照諮詢師的判斷前進，而不會對當事人的經驗感到好奇。

這樣一來，就會很容易落入快速歸類的陷阱，或是放在自己的某個價值判斷中。所以無論當事人說了什麼，身為解讀者、諮詢者，要帶著中性的立場。我們中性的反應，會反映出我們觀察到的，只將我們看到的回應給對方。雖然有一點難，還是可以保持覺知，持續練習。

如果有人這麼問：「老師，換作是你，要選哪一個？」我常常被這樣問。從前我怎麼樣都不會說出自己的選擇，在諮商專業中，我很堅守不能給予立場的判斷這個原則。可是我發現，有些當事人依舊會鍥而不捨地不斷追問，這時就要換種方法，我會說：「你聽看看，如果是我可能會做A選擇，因為我覺得A選擇比較適合我現在的狀態，可是你不是我呀！你可能會做B選擇，因為你可能需要穩定工作，但我的情況和你不同。」如果對方非要我說出一個答案讓他參考，我會這樣分享，但是最後一定讓他做出自己的抉擇！

自我督導，給出中性反應

——

中性的反應會在諮商、諮詢的過程中，提供觀察者的視角，看著你與個案之間的互動，有時候也稱作「自我督導視角」。在沒有另外一個老師或同學幫

忙觀察和督導的時候，我們就要訓練自己做自我督導，留有一絲清明的目光，會更能覺察在這個過程中發生了什麼、個案敘述中的脈絡、你給予的反應，以及如何給予回應。

你會懂得觀察並思考，在這個過程中，你是否帶著中性反應和單純的回應，還是帶入你個人立場的投射。比如，你曾經被劈腿，非常痛恨第三者，遇上個案說他不小心介入別人的感情，成為別人的第三者，你可能會突然暴怒，甚至開始罵個案。這時候要記得啟動你的觀察者，好好發揮功能：「親愛的，安靜下來，回來！他是你的個案，不是介入你感情的第三者。」並不是說你不能有判斷，你有你的個人生活經驗，但是在這個情境裡面，這麼做就不能客觀幫上忙了。遇到這種情況，請先終止你們的關係或轉介給其他老師。

■ **案例分享**

- -

我曾經遇過一個個案，約一個半小時的諮詢，一直到最後15分鐘準備要收尾了，才說出真正要問的問題。她有一段婚姻，卻愛上了另一個也在婚姻中的人，令她很痛苦。她一開始的陳述是：「老師，我想了解我的情感關係。」我問是婚姻嗎？因為我知道她結婚有小孩。「老師，我很想了解一下事業、工作，因為工作很不快樂。」之後就開始哭，哭了很久，又談到老公，一直罵老公，「他都不疼我，都不買房子給我，跪他求他終於買了房子，可是他很氣我。」大概過了一個小時，才開始慢慢吐出心底真正想問的問題，「老師，其實我還想了解另外兩個男人……」，我回答：「還有另外兩個男人？誰？快，我們快要沒有時間了，把握時間，妳還想問什麼，還有幾個男人，統統說出來，我再判斷要從哪一個開始！」

她說：「有一個男人讓我很想抽牌……」，於是我引導她釐清問題後就抽牌，她一直說牌很準，但我覺得她其實還在觀察。

我們一直聊到連老公和另外兩個男人都聊完了，最後15分鐘她才說：「老師，其實我真正想問的是這個人！」我答道：「你要離婚嗎？要跟他在一起嗎？他要跟你在一起嗎？你們彼此相愛嗎？心動了嗎？」她才回答：「是！」我告訴她，現在只剩下5分鐘，下一次再談。

有時候，這是一個過程，因為當事人會不斷測試你的底線，你可以接受到哪裡，可不可以接受他是第三者。

我最後問她，「既然你知道自己一開始就想問這個人，為什麼沒有這麼做？」

她說：「我覺得這是很不道德的事，覺得這樣的自己很不對。」她和老公相敬如冰，也沒發生什麼要到離婚程度的事件，我反問，這樣還不算要到離婚的程度，那要發生什麼事才算要到離婚的程度？

她非常擔心被別人批判，我從她拋出的各種不同的訊息中看到這個狀態，我建議她一定要停止自我譴責，無論她最後的決定是什麼，但一定要處理內在自己跟自己過不去這一關。接著給她一些鼓勵，結束當天的諮詢。

回到中性的反應之後，讓她自己做決定。

·九、直覺·

什麼是直覺？能否用直覺來解讀塔羅？你信任自己的直覺嗎？

「直、覺」這兩個字在字面上：就是「最直接的感覺，直觀的感覺感受」。直覺是人類與生俱來的能力，每個人具有直覺，每個人都有和潛意識訊息連結的能力，透過有意識地加以開發、練習並喚醒直覺後，就能順暢地應用在生活中。

接著要帶領大家進入直覺的解牌歷程，先介紹另一個金三角架構，這是關於個案本身的金三角。

信任直覺，給出串聯的解牌

在解讀塔羅時，要把個案金三角的三個點再次整合起來，「牌面、他帶來的問題、這個人的心情狀態」，串聯出我們看到的當事人狀態。

串聯時，相信自己的直覺相當重要。一定要非常信任自己的直覺，有時感覺、感受、畫面、念頭或想法會不明所以地突然降臨，信任這些直覺訊息，以直覺提出問題、提出你的好奇，再進行回應與確認。

這也是許多人在解牌時容易卡住的地方，是攸關解牌功力落在「解得出神入化或只照本宣科看著書唸答案」的重要差異。

在這個過程中，如果能放下「一定要講對和不敢講錯的自我控制」，就能體驗到這股直覺信任之流，帶領你前進。

‧當事人抽到的塔羅牌面的訊息、牌義與功課。

‧當事人的生活事件與困境，需要被回應的困擾與議題。

‧當事人本身內在情緒感受等。

我們的角色就是要串聯這三者。而解牌順暢、被客戶譽為超神準的諮詢師，他的直覺力與串接能力肯定比較流暢。

要怎麼分辨是頭腦的訊息或直覺？

——

很多學生喜歡問：我怎麼知道冒出來的訊息是不是直覺？

你的經驗會告訴你，這是不是正確的直覺。

不用分辨究竟是頭腦還是直覺！因為這樣就落入頭腦的分析了。比較好的方式是回頭觀察你所得到的經驗，看著這個經驗發生了什麼。

結合牌面上的牌義，加上信任自己的直覺、提出回應，例如面對抽到「權杖國王」的當事人，順著直覺問：「我剛剛冒出一個感覺，當我聽著你說不想要改變……雖然你說面對改變有許多擔心和恐懼，覺得穩定就好，但我也直覺感受到，其實你早就想要改變了，你好像已經準備好要起身而行了！」

再舉個例，某天你開車的時候，突然很想要右轉，那就跟隨直覺右轉。雖然你家直走就到了，但是右轉發現，找很久的店原來就在這條巷子裡。這個意外的發現是一個很好的回饋，我認為這就是宇宙給你的回應。跟隨直覺採取行動，帶來最好的回應，這也是理性頭腦無法解釋的。

當然，如果你等待的訊息和重大決定有關，就要用直覺搭配理性分析，取得一個最適當的決定。

直覺可以訓練嗎？

——

直覺絕對是可以訓練的，而且我相信，每個人都有專屬於自己的絕佳方式，用來接收與觀察直覺訊息。因為每個人接收的方式不一樣。有人是會出現畫面的視覺型，有人是聽覺型。我自己比較偏向身體感覺型，會對身體的反應做出回應，這些都是需要透過經驗累積和觀察的。去觀察，才會找到屬於自己的系統，專屬於自己的方法。因此，直覺是可以訓練的，可以透過自由書寫來開啟直覺力，這是個訓練直覺的絕佳方法。

直覺是潛意識嗎？

有些直覺訊息會從潛意識的資料中提取出來，像是靈感、神來一筆，或說出連自己也讚嘆的金句。

某些在潛意識層面運作的訊息，比如說夢境，就不是直覺，這是潛意識訊息。潛意識訊息，會透過夢境、抽牌卡、催眠、畫曼陀羅、無意識的畫等傳達出來。在催眠狀態中，主角會無意識地講出一個句子，清醒後反而為剛剛說的話驚呼連連，太有智慧了、平常根本說不出這樣的話。或者在催眠狀態中，突然憤怒，可能是平常過度壓抑。可以透過各種不同的狀態觀察自己的夢。這些都是可以訓練和開發直覺的方法。

直覺有助於解牌

在解讀和使用牌卡的過程中，直覺占了最重要的元素。無論牌義背得多好，重點還是信任你的直覺，我一直鼓勵學生多嘗試解牌，信任自己一定可以，宇宙會讓你在最適合的時候說出最需要的話。就算你忘記牌義或是覺得解釋不太到位，其實都沒有關係，不用那麼擔心，要先放下擔心和恐懼。

我有個學習塔羅的學生，練習幫別人解牌，卻發現自己有些牌記不清楚，幫朋友解牌時，感覺怪怪的，可是他只記得我說過的，「一定要信任直覺」。於是，他就看著朋友，憑著自己的直覺解牌，把問題和朋友的心情狀態串聯起來，最後朋友點頭如搗蒜，直呼好準！沒想到，回去看講義和筆記，才發現他弄錯了，說成另一張的牌義……他回來繼續上課時，就提出這個問題：「老師，遇到這種狀況要怎麼辦？我講錯牌義，可是對方一直覺得好準。」

我常常舉這個例子讓大家增加信心，這是很好的例子，說錯牌義完全不影響你和他之間的互動。因為你信任你的直覺。所以現場的流動已經療癒了這位朋友的心，安撫了他的心情，塔羅牌變得不是重點，因為你願意信任自己的心，產生很棒的直覺，才會和這個人心對心產生交流。所以，我常常鼓勵學生可以這樣練習，你會發現一旦這樣做，你對塔羅的解讀會愈來愈好。因為你不再執著於牌義的答案，而能更專注在面前的這個人。

·十、準備與使用工具·

準備好自己
———

首先，在每一次開始解讀前，都要先將自己準備好，靜心片刻，讓自己的身心狀態、能量與頻率都穩定下來，同時也在靜心時清理令自己煩亂的瑣事，以提供當事人穩定的引導，在解讀塔羅時能有清明的洞見。

第二，信任直覺、帶著好奇心，陪伴當事人一同探索這趟解牌的旅程。放下先入為主的投射與成見，願意跟隨著彼此的流動，觀察現場的發生，關注人這個主角。

第三，給予肯定，「潛意識會在你需要的時候，給你最需要看見的訊息。」因此，發生有其必然，信任會發生的必有其存在的意義。

準備塔羅專用道具
———

一、牌卡專用布，可以選擇自己喜歡的顏色或圖案。若選擇有圖案的布，圖案也要盡可能單純，不要太花稍，否則牌展開時，牌面圖案會被弱化，無法凸顯牌面和主題。我推薦使用生命之花圖案的桌布，生命之花代表萬物的起源，是非常有力量的圖騰。

二、牌卡束口袋或盒子，用來收納並保存牌卡。我們常會選用塔羅布袋當成牌卡的家，輕巧好攜帶，把牌卡放入袋中也可以避免與隨身物品互相碰撞磨損。在自己的工作室中，可以把不需要隨身攜帶的牌卡，選用美麗的盒子來存放與收藏。

蠟燭
———

在桌上放一個燭火就好，用美麗的燭杯裝飾，避免不小心碰觸或被風吹熄。擺放的位置，可以選擇放在左手邊或右手邊，這是從解讀者的方向來看。以「左進、右出」的原則，如果個案極度困擾或有身心疾病，你不希望被干擾或被負能量纏身，這時燭火就要放在左手邊。當他在敘述困擾的時候，從左

邊進入會經過火的淨化，所以訊息經過了第一層的清理。而放右邊是因為「給予」，我希望給予的是充滿光明、被淨化過的訊息。左邊是接收，右邊是給予，我通常會將燭火放在右手邊。蠟燭是自然光，這是最好的，火焰與光明都很有力量，可以淨化一切。

水晶球

桌上放上水晶球，是為了在解讀過程中連結水晶的智慧。水晶球比水晶柱適合，因為球代表圓滿，我們希望給予的訊息和能量都是圓滿的。球體是沒有方向的，是所有方向的擴展，我們也希望給予的訊息是不受限的。

水晶球挑自己喜歡的就好。要人緣好、增加愛的品質，可以用粉水晶球；要純淨、淨化的品質，就挑白水晶球，白色也是七彩的總和，相當萬用；要給予智慧、充滿覺知的，就可以挑紫水晶球；要招財，增加豐盛能量，可以選用黃水晶球。

保護靈氣，空間噴霧

我最常用Aura-Soma系列來做自身淨化、帶個案淨化，以及空間淨化。

個案諮詢時，給出新的空間，也給出彼此的界線與空間，就用綠色。

當個案談的是情感困擾，和愛的能量有關，希望能帶給他更多愛的支持與滋養，就用粉紅色。

如果需要更有力量、更落地，就用紅色。發現當事人一直卡在想法，沒有行動力的落實與突破，也可以用紅色，會協助他扎根，更有行動力，與目前的生活更緊密連結。

如果需要更多自信、信心、力量，可以用黃色或金黃色，這也是招財的顏色。當一個人對自己更有信心、更堅定，有了勇氣，自然財運就會好。

如果你單純希望自己的解讀可以更順暢、有創意，可以用藍綠色。我也偏好藍綠色，因為這連結了亞特蘭提斯的能量。在地球文明中，亞特蘭提斯是非常喜歡使用牌卡和水晶的文明，也是高度開放的文明。在脈輪系統中，藍綠色就位在第四和第五脈輪的中間，這是一個跟著心來表達的訊息，也是我偏愛藍

綠色的原因。

保護靈氣是作用在人，空間噴霧是作用在空間。如果你有需要開啟服務的空間，可以使用空間噴霧。

敲缽

敲缽的聲音也可以淨化空間，順著逆時針在四個方位各敲一下。如果遇到不適合點香的地方，可以使用缽或空間噴霧。淨化是逆時針，但如果要打開一個空間，就用順時針。可以先逆後順。如果能使用精油，水氧機也很好。

聖木與線香

如果需要用火淨化，可以燒聖木，味道非常好又不會產生太大量的煙。

Aura-Soma的線香也是很好的選擇，可以依照需要的品質來選擇線香。

如果點了線香還需要更大的淨化，很多人會選擇燒白色鼠尾草，點燃的時候並不會一整把地燒，而是讓它緩緩燃燒，淨化自己、個案和空間。鼠尾草會慢慢熄掉，或當你覺得差不多了，直接壓熄也可以。

記得開窗、開門，讓煙霧帶著被淨化的能量流出去。

四安生活的能量爐與盤香

我常使用四安生活的浴粉，用來拖地、淨化任何空間與教室的地板，也可泡腳或泡澡，讓全身的穢氣經由腳底的湧泉穴排出。

・十一、開牌儀式・

拿到一套全新牌卡時，打開包裝後的第一個動作，就是先清點卡片張數。

通常包裝說明都會寫清楚這一套卡內共有幾張牌，看著牌面依序一張一張清點，就像在蓋手印一樣，向每一張牌打招呼。欣賞每張牌的牌面，也欣賞一下牌背。

塔羅牌基本上都是78張，但依據系統不同，有的是79張或80張。仔細確認這78張是否包括22張主牌和56張副牌，確認每一張牌都是正確的。如果牌卡缺少或損壞，一定要和購買的店家更換。確認牌卡張數正確後就可以進行開牌。

開牌

在使用一副塔羅牌之前，可以替自己抽一張牌，代表了這套牌「最能夠在哪些議題中幫助自己，以及來到面前的抽卡者」，無論對你或別人，抽出來的這張牌，最有幫助的部分是什麼？

進行開牌的儀式，是希望透過這張牌可以了解，這套工具最能在哪個層面幫上我或他人的忙。在什麼主題、狀況和議題上，這副牌最能夠幫上忙。

開牌示範

點上一個蠟燭，深呼吸幾次，保持平靜。

如果有水晶可以放在旁邊，幫助增加清晰與智慧的能量。

開牌問句：這套塔羅牌的基本個性是什麼，最能夠對什麼主題或情境產生助益？

示範：寶劍2

這張牌的牌義是去除外在的干擾，主角在海邊練劍，象徵去除外界的干擾，回到內心，釐清內在真正的想法，所以特別能在不太清楚自己要什麼的時候帶來幫助。這副塔羅可以協助我釐清內在真正想要的選擇和想法，對於來到

你面前的人，也可以透過塔羅牌來協助對方，去除外界的影響和干擾，不為所動，回到自己的內心，做出真正屬於自己的選擇或決定。

示範：審判牌

你可能會常常吸引到那種面臨最後關頭的人，像是緊急出任務的救火隊。來找你的人比較傾向面臨關鍵時刻型的，而你可以在最後關頭幫他一把，甚至給他一個做決定的動力。

示範：力量牌

想要自我突破的人會來找你，可以協助他如何借力使力，活出優雅。在輕鬆不費力的狀態下，尋找資源，設定目標並投入。

示範：星星牌

想要尋求指引的人會來找你，透過塔羅的解讀和諮詢的過程中，可以更釐清自己想要的目標和方向。

示範：節制牌

這副牌可以協助當事人放下小心翼翼和過度緊張的焦慮。經由諮詢塔羅的過程，可以讓他重新展翅高飛、重新展現天使的力量。這副牌擅長調和情緒，牌面上的水會調節感受，讓情緒不致失控。

示範：戀人牌

這副牌能幫助對方找回對自己的愛，在愛的課題中找回自己的力量。他要學習的課題是愛自己，所以你協助對方看見這個訊息，或許他在關係中失去了很多的自我，或許是過於關注他人，藉由這副牌，特別能協助他回頭看見自己的需要，多照顧自己。

示範：月亮牌

可以幫助對於未來、未知恐懼的人，讓他們更有力量，接納恐懼，勇往直前。

示範：太陽牌

這副牌特別能揭露真相，有些隱藏的事會顯現出來。你就是這顆太陽，在你面前就像是在太陽面前，會被清楚看見。所以你也是一個可以直接照見真相的人。

示範：教皇

透過你的引導，可以協助他人整合自己，讓內外的矛盾更趨近一致。這個代表你非常具有說服力，所以你的塔羅牌一發聲，就像是教皇在發話，會讓對方心甘情願信服。

示範：戰車

7號牌偏向研究方面，因為數字7象徵研究，並且信任自己生命直覺的選擇，因此也鼓勵對方可以採取行動，不必想太多，透過行動的過程，會更清楚自己要的是什麼。7號牌的功課就是信任，回到信任裡，透過你的引導與塔羅牌的訊息，可以帶來很多幸運和好事，這正是7號牌的力量。

示範：正義牌

協助對方看見自己，正在衡量、考量的點是什麼、在乎的是什麼，對方覺得這樣足夠平衡、公平嗎？這張牌是法官，特別帶出的重要信念是：我相信什麼，我就用那樣的標準來判斷。所以這張牌也和「活出你所相信的」有關。如果他用某個標準要求別人，自己卻沒有做到，就會變成內外不一致的法官。所以法官這張牌很重視你內心的信念是什麼，你要展現並實踐的信念是什麼，這樣進行裁決才會有力量。天秤上放的砝碼是他內心的標準，若能落實，會讓他更能平衡，落實生命中、生活裡的平衡。

在這一章中，我們把自己、道具、空間，全都妥善準備好了！
接下來，跟著我的指引，一起進入塔羅美麗的世界吧！

第二章

生命靈數
與
主牌大阿爾克那
0-9

·生命靈數·

今生的靈魂功課與人生方向

——

生命靈數（Numerology）源自古希臘哲學家、音樂家、數學家、畢氏定理的創始人畢達哥拉斯，他相信每個數字從1到9都有形而上的特殊意義：「數字具有精神上的意義，可以揭露萬事萬物背後的真理。」畢氏相信人生就是學習，而輪迴也是存在的，如果人清楚了解他在這一世努力的方向，那麼藉由每世不同的數字，我們便學習了人所該學到的所有課程。

你可以運用數字的能量來認識自己與他人、面對愛情、教育孩子，把數字的能量運用在日常生活裡，幫助自己活得更健康，認識自我，並發揮潛能。人生的目的無他，就是「學習」，讓你看見自己的獨特，調整自己的弱點，這個追求成長的學習過程將會啟發你用全新的眼光看待人生，掌握未來。「未來」不是一齣無法更改的戲碼，只要我們知道是哪些力量在發生作用，人生就能過得更好！

利用簡單的生日計算，就能找出一個人的性格特質、天賦才華，以及學習的課題。

計算生命靈數

——

計算誕生在西元1976年5月8日的生命靈數。

步驟一：把陽曆生日「西元年月日」共八位數字列出來。
例：西元1976年5月8日生日的就是「19760508」。

步驟二：一個一個數字「個別相加」得到一個總數。
例：$1+9+7+6+0+5+0+8=36$。
在此步驟加總後若是「個位數」，就完成了。
在此步驟加總後若是「二位數」，就繼續往步驟三前進。

步驟三：加總後的兩位數字繼續「相加」，加到剩下「個位數」為止。

例：3＋6＝9。

步驟四：在步驟二或三算出的個位數，就是你的生命數字，在塔羅主牌的部分可以找到相對應的主牌。

例：9號人就查找隱者牌。

承上，完整的數字列呈現方式是：19760508＝36/9

◎數字列的意義

最後一個數字，就是我們的「主要人格」，也是生命學習中最重要的課題，完成這一生畢業任務的指標。

在最後一個數字之前「所有出現的數字」都是我們的「次要人格」，包含兩部分：

一、生日八位數字，代表了天生帶來的配備，也就是先天數。

二、在等號後方的數字，象徵了後天學習與鍛鍊的部分，也就是後天數。

數字九宮格

列出上列計算中「每一個步驟出現過的所有數字」，包含0。以畫正字的方式寫在下方表格中，以「19760508＝36=9」作為示範。

1 ノ	2	3 一
4	5 一	6 丁
7 一	8 一	9 丁
0 丁		

九宮格觀看小技巧：

一、只要是出現在格子中的數字，都與你有關。這些數字牌的能量你都擁有。

二、紅色是先天數，藍色是後天數，綠色是生命數字。

三、有出現的數字是你要學習的功課；沒有出現的數字，是你不容易遭到困擾的課題。出現的數字多寡並無好壞之分，因為這是每個獨特靈魂的選擇，選擇不同的數字配備來進行這一生的修煉。

空白表格可以填入自己的生命數字
———

1	2	3
4	5	6
7	8	9
0		

流年應用
———

「流年」生命數字顯示了當事人在該年度的成長、契機、擴展和面臨的挑戰。知道自己在這一整年當中的最佳優勢能量，探索每一年的生命本質與挑戰，好讓我們對接踵而來的課題做出最適當的回應。

現在的流年數字，從生日當天開始算，為接下來的一整年定調。

步驟：把年份加上生日的日期八位數字列出來，並直接加總計算。

以 5 月 8 日出生的人為示範：

20190508 ＝ 25/7

20200508 ＝ 17/8

20210508 = 18/9

20220508 = 19/10/1

　　從2019年5月8日開始，就走7號數字流年，也就是戰車牌的一年，學習戰車牌的生命功課。一直到2020年5月8日開始，切換新的生日流年數字，變成數字8，就是力量牌的一年，以此類推，8號力量牌走完的隔年就是走9號隱者牌，再隔年就是1號魔術師，全新的開始。

The Fool

愚者

你心中渴望朝某個方向發展嗎？不必擔心，勇往直前！毋須擔憂旁人的眼光及聲音，跟隨著自己單純的初衷，輕鬆大步向前，給自己一趟新旅程吧！

愚人　　0　　源頭
THE FOOL

> **從0號牌開始，我們跟著愚者一起旅行、流浪，尋找方向，**
> **踏上全新探索的旅程，一個新的開始。**

請看著愚者這張牌，如果你是他，會有什麼樣的感覺？你在牌面上看到了什麼？有點自我陶醉、悠哉悠哉、想幹嘛就幹嘛。他走在懸崖邊，有點危險，而旁邊的狗好像在給他一些提醒。狗看起來像是陪伴者、提醒者。手上的白玫瑰象徵了單純，是種純淨、原始的浪漫。

0這個數字很有趣，是一切的開頭，像是草創階段。但0不是1，又還沒真正開始，所以我們稱這張牌為：源頭、起源的力量。就是最原初的狀態。

他手上帶著行李，這個行李、包包看起來很輕。為什麼從這張牌開始呢？塔羅的主牌是生命當中必經的課題、人生當中必經的課題。如果說78張塔羅是一個生命故事的開展，我們就是要跟著愚者一起去旅行。這是一趟輕裝旅行，帶著浪漫的心、浪漫的情懷，回到最單純的、最初衷的狀態。

抽到這張牌，同時也在提醒我們，是否在某件事上忘記了初衷？也可以觀察自己原本想做這件事最單純的心意，是否到現在有一些模糊了，再次提醒自己回到本心，回到最原初的狀態。就算別人都笑我們傻、笑我們笨得可以，我們還是想要這樣做。因為這張牌真的是傻瓜——愚者。

或許有人會說：「你知不知道這樣很危險呀！？」「你知不知道要多想一點？」「謹慎一點，你都不知道自己站在懸崖上嗎？」對於愚者來說，他是清楚知道自己在做什麼，才做出選擇的。他不是真的笨，這叫做大智若愚。

再回到生命靈數，當中有0的人，會帶有一股傻勁，好像少一根筋似的。0愈多，就愈容易帶有傻呼呼的特質，性格也愈單純。如果沒有0，會比較正經一點。在0號的數字裡面，因為是愚者，也代表在他的生命經驗裡，有時候會讓身旁的人捏一把冷汗，所以牌中的狗象徵了身旁的人。不是父母就是老師，通常都是提醒他們的人，可以說是阻礙，也可能是貴人。

就像2000年後出生的小孩就帶有很多0。你會發現他們天不怕地不怕，而且好像對他們來說，沒什麼是困難的，甚至會讓你覺得，就好像天公疼憨人，許多事情愈不擔心，就愈容易成功。

如果生命靈數是落在20/2、30/3、40/4、50/5這種組合的人，都多了一個0的特質，0的特質就是把事情單純化、並且放大前面數字的元素能量。比如說40/4，就是在所有的4號人裡面最典型的4號人，0的能量會放大4的特性，並且更純粹。40/4會比22/4、13/4或31/4的人，更像典型的4號人。（1號人一定是10/1，所以1號人沒有誰比較典型的分別。）

0的流年

因為數字加總後不會出現0，因此流年沒有0。

0的課題

關鍵字：傻人有傻福、不必擔心旁人的眼光、不用太急著出發。
留意過程中可能會有的挑戰，同時也會有貴人相助，化險為夷。

愚者是不畏懼的，面對陽光、充滿希望，初衷很單純，隨時都可以出發上路。因此，這也是想太多的現代人必須要學習的課題。抽到這張牌，帶有非常大提醒的意味，提醒自己回到初衷，把許多複雜的事物、沉重的包袱、制約的框架等都慢慢放掉。

引導提問

1 在這個狀況裡，會不會是你擔心過多？或許是包袱太重，太在乎旁人眼光？

2 身邊的親友給予的提醒，究竟是貴人還是阻礙？

3 如果你回歸初心、放手一搏、勇敢前進，會怎麼樣呢？

示範引導

當事人：我正在考慮要不要去做某事⋯⋯如果真的採取行動，不知道會怎麼樣？

引導者：你抽到的是0號愚者牌，看一下牌面，你看到了什麼？如果你是他，會有什麼感覺？

當事人：我覺得很開心、滿足、輕鬆，但是快要走到懸崖邊了！⋯⋯啊！狗狗好像是來提醒我的！

引導者：所以會有人幫你踩煞車。你想要這樣做，可以踏上旅程去探險，中間可能會遇到貴人。或是你現在看見了，自己可以來做自己內心善良的狗，提醒自己何時要知道適可而止！給自己一個旅程，放心出發去吧！

40

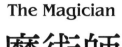

你擁有輕鬆創造出想要一切的能力！你只需要回到自己的心中，相信自己就是人生的創造者，神奇之道就會開展。

魔術師　I　創造
THE MAGICIAN

我們生命中第一個要學習的課題，
就是「以光創造」，帶著光，在生活中創造！

　　數字1就像是創世第一天，「要有光！」光就出現了！因此，1號牌魔術師代表了光、代表陽性力量的開展，從牌面上可以看到他手裡拿著魔法棒，一手指天、一手指地。你可以把手舉起來試試，不管現在手上拿什麼，這個動作讓你有什麼感覺？感覺一下，現在是否想要講什麼，或許是一句口號？

　　魔術師是個將萬能的力量統統匯聚在身上的重要人物。他的頭頂上有一個無限大的符號，代表了所有的力量都是從這裡開始，並且是無窮無盡的。可以看到在他的桌上，權杖、寶劍、聖杯、錢幣等所有法寶一應俱全[1]，四大元素火風水土，統統都有。象徵著掌握了資源與權力，這些全都可以任他使用，他

---

1 ｜這同時也是小阿爾克那的四項組成要素，分別對應火風水土四大元素。

想玩什麼樣的花招、變換不同的把戲都可以。他身穿紅袍，也代表著一種力量，天時地利人和都具備。因為他連結到的就是1，1這個數字本身就是從無到有，從0到1的過程。所以1號人很有創造力，也具備開創的力量。

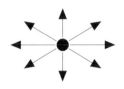

牌面上的天與地周圍都有鮮花環繞，表示這是魔術師的舞台，所以他不會躲在幕後變魔術，絕對會站在舞台前表演給別人看。這象徵了魔術師或是1號人，或是九宮格中數字1很多、1特質很強[2]的人，很需要擁有可以展現自己的舞台，但不見得是按照字面上說的要登台作秀，而是在專業發展或領域中，可以盡情創造或創作。可以想像一張空白的白紙，中間點了一個點，會成為吸引所有目光的焦點、匯聚中心。這個聚焦點，不帶任何方向性，散發著無窮無盡的力量，呼應了無限符號的來由。

如果所有能量都能維持住，那就會很好，如果過與不及、太多或太少，都會失衡。如果1號人的力量太過會如何？整片空白只有他這一點，這點如果太大會如何？他會很自我。優點是很有創造力、很獨立、能夠開創一些新的事物。他很需要舞台。缺點是旁人可能會覺得他很自我中心，目中無人，掌控慾很強，因為他覺得整個世界、整個舞台只能有他，一切都該在他的掌握之中。

站在舞台上的魔術師，或是1號人，需要些什麼呢？他需要掌聲，他需要觀眾，他需要舞台，他需要別人拍手叫好。一旦沒得到這些，1號人會很失落。所以面對1號人的最佳策略，就是讚美他！

---

2 | 你的數字特質傾向，要視自己某個數字的多寡而定，看自己的格子裡面的各個數字，不需跟他人相比。但要是某個數字有四或五個，就算是多的，因為出生年月日總共就八個數字，如果再加上後面幾個，而當中有四、五個數字都是同樣的，對你來說，那個數字一定是比較強的！像是1號人，如果又帶著五個1，其實他就帶有非常強烈的創造性特質。

1 的課題

────

關鍵字：主動創造、關注他人

　　1號人是領袖人物，他的課題除了發揮創造力、找到可以發揮的舞台，再來就是，要多觀察與關心自己所在的環境以及身邊人的感受和需要，多分點目光給別人。

　　我發現不少1號人的伴侶都很苦惱，因為1號人太獨立了。分享一個案例，有位1號太太非常獨立，照顧小孩打點家裡大小事都一把罩，她先生雖然覺得很輕鬆，似乎只要專心工作就好，但心裡也會有股失落感，覺得自己不被需要，有時候會希望太太什麼都不會，軟弱一點也無所謂。1號人很獨立，但獨立是一種能力，其實要不要表現這麼獨立的一面，是可以切換頻道的。她自己爬高換燈泡，一點都不困難，但也可以選擇請先生幫忙換；這種做法其實較能在關係中找到平衡之道。

　　在深層的信念系統層次，1號人常常覺得有伴侶是比較麻煩的，許多1號人都覺得自由自在的生活太好過了，根本不需要找一個人來綁住自己，不要進入關係也無所謂。這樣的1號信念頻率，會容易讓自己孤寡，即便進入關係中，也像個獨行俠。

1 的流年

────

　　走到1號流年的時候，要好好把握這一年的創造力，也代表一個非常好的開始。想像一下，走到1號年，表示你才剛走完一個舊的循環，前一個九年才剛過。這代表一個全新週期黃金九年正要開始。每九年我們就會經歷一個循環，所以很多人會在1號年特別想要做些什麼。感受到自己想要動起來，在過去一直都可以忍受的事情，進入1號年的時候，會突然變得不能忍受，很想起身改變，像是搬家、換工作、事業的創新等。建議可以在1號年來臨前的9號年事先好好規劃與醞釀一番，到了1號年就能有個全新的調整。

　　我曾參與一個錄影節目，在化妝間準備時，認識一個自己創業的美容美髮設計師，他跟朋友一起開了個小工作室。他在9號流年的時候創業，生意並不

太好，但一過生日之後，也就是走到1號流年，生意就開始有起色，客戶一直找他、邀約也愈來愈多，因此當我和他聊到這個話題時，他才恍然大悟、一直說我教的這個數字系統真的很準！

我們的生日流年能量會和內在的頻率互相呼應。這位設計師在創業初期，曾經懷疑、困惑，不曉得自己是否做錯決定，可是過了生日，進入1號年後，所有的事情都有新的開展。所以在9號隱者年，我建議暫且不要做出太重大的決定和改變，可以醞釀與規劃，等到1號年再付諸行動，新的工作與人脈都會傾巢而出。

引導提問

1. 你想要創造什麼？想要掌握什麼？
2. 你的舞台在哪裡？你最想發揮的舞台在哪個領域？你的觀眾在哪裡？
3. 如果這是新的開始，你會有什麼感覺、什麼想法？

示範引導

當事人：我想要進行一個計畫，想問一下有什麼要提醒的嗎？

引導者：魔術師這張牌，表示這個狀況天時地利人和，代表你的內心已經準備好了，非常適合去做這件事。你剛剛這樣問，是不是在擔心什麼？

當事人：是的，就是不知道是否會做得好、是否順利、是否會依照自己所想的進展？

引導者：確實一開始可能會比較焦慮，畢竟沒有做過，這也是你抽到1號牌的原因。我相信，找到你可以運用的資源，好好發揮這些你拿到的元素，就能創造無限大的可能性！

The High Priestess

女祭司

2

生命中的一切，不必然都要以對錯好壞區分，而你的痛苦正是誕生自這二元區別中。現在，試著放下理性的批判，多些彈性及接納灰色地帶，允許更多可能性流入！

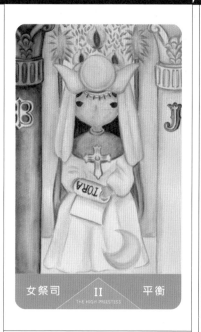

女祭司 　　II　　 平衡
THE HIGH PRIESTESS

我們生命中第二個要學習的課題，就是平衡，
在連結之中能夠放掉對立、放下二元，進而放過自己。

　　如果說畫面中有一個點，是數字1創造了一切，現在一點變成兩點，就到了數字2。本來是空白，變成一點是無中生有與創造，如果你是公司的主管或老闆，要開展一家新店，可以找1號人幫你拓展新點、擔任店長，拓展業績。現在出現了兩個點，這就是2號，開始出現左右、黑白、是非、對錯，二元的現象出現了。看到兩個點，我們會想要拉成一條線，把它們連起來。2號人具有做連結、溝通與協調者的能力。協調事物，達到更好的溝通運作與連結，這是數字2很重要的特點。但這個兩個點，會產生前面提到的二元對立，看看2號女祭司這張牌，黑白的兩根柱子，代表了卡巴拉的嚴厲之柱（黑）及慈悲之

柱（白），神殿前的女祭司，左右的黑白代表是非對錯。後面的布景是石榴，代表女性豐收的特質，比如石榴石就是對女性的特質非常好的一種水晶。因為石榴代表了豐盛，也是讓女性賀爾蒙、子宮卵巢的生殖系統豐盛的代表。

2號這張牌是女祭司，英文名中還加了高（high），完整來說應該是高等女祭司。高等女祭司的權位相當高，在某些權力集中的國家，她協助君王何時該祭祀、看天象觀星相、解讀目前的異狀，何時適合出征等，是個類似國師的角色。而且她也是個非常靈性的角色，掌管與神靈的溝通，以月亮作為代表。

可以說數字2統合了陰陽，具備了中性的特質。我見過的2號男性都有些女性化，在我的經驗中還沒見過很陽剛的2號男。他們或許會對靈性和內在的成長有興趣，女祭司本身就是在做陰性和能量工作的人。如果是2號女性，你會發現她內在有一種陽剛。

女祭司手上拿的是卷軸，上有「TORA」字樣，意為「神聖律法」。她掌握智慧之書，將觀察到的現象記錄下來呈給國王。因此對女祭司來說，記錄、文字工作是種天賦，這對她來說是重要的。如果是不擅長文字工作的2號人，可以多鼓勵他往這個方向去，讓天賦發揮。也可以說這是他的本能，我碰過很多2號人都對於寫文章、經營部落格等很在行。

女祭司也可以連結到月亮女神，在牌面上可以看到好幾個月亮符號，腳邊有一個彎月，頭頂上有一個滿月，雙角也是兩個月亮組成的。月亮代表了陰性能量跟內心情緒層面。你會發現整張牌充滿了陰性的特質和水元素。

◎陰陽兩股力量

從愚者的0號混沌能量開始，出現1號魔術師的陽性力量、2號女祭司的陰性力量。從牌面上你會發現兩張牌的顏色背景迥異：魔術師要站在舞台上、是領導者、主動創造的，是要公開的，被肯定被讚賞的；2號比較像是幕後的角色，是幕僚、軍師，協調者。

前面講到月亮，月亮主管的是情緒，所以2號人的情緒非常敏感，相當細膩敏銳。我有個塔羅學生，她一直覺得老公不好，整個課程都在療癒她和老公的關係，後來發現她老公是2號人，她覺得老公超木訥、超理性，都沒有感覺，我就說不可能，2號人一定有很多感覺。後來，她老公來諮商，她坐在旁邊聽，她老公第一句話就掉眼淚了。後來我告訴這位學生，2號人就是這樣，

不可以再用自己的眼光看待他了，他的感受豐富，只是沒有說出口。2號男生很細膩，他不是毫無感覺，只是沒有表現出來而已。

2號女祭司特質中的黑白是非對錯，讓2號人做決定的時候，容易選擇困難，需要思考很久。二元的對立，讓他產生一種孰是孰非，以及「想要分辨清楚」的執著，想要打破砂鍋問到底，究竟哪個才是對的。非問出一個所以然不可。坦白說，2號人的批判性滿強的，關於對錯，他的觀點強烈，無論是批判自己或別人，在二元對立的過程中，他會很想找到一個答案。兩個點會讓他很想選一邊站，所以千萬不要跟2號人討論宗教和政治話題，沒完沒了，特別是你們立場不同時，真的很難有交集；如果你和他一個鼻孔出氣，你們會超麻吉，他會覺得找到知音。有時候你若發現自己和2號人站在不同邊的話，就不要一直爭論，因為2號人很清楚自己的是非黑白對錯。

2 的課題

————

關鍵字：有彈性、接受模糊不確定

2號人的黑白二元鮮明，在錯誤發生時，會表現出強烈的批判，批判自己與批判他人一點都不客氣。首先，要學習的就是停止自我批判、不要再罵自己了！別讓自己只是停留在懊悔與遺憾的愧疚感中。

他要學習的就是在黑白當中找到模糊和不確定性，要能接受和面對不確定感、模糊、灰色地帶。但這也是最困難的，正是無法忍受灰色地帶，所以才要學習有彈性。偷偷告訴你，對2號人來說，最後得到的答案就算是被欺騙，可能也不是那麼重要，他只是要知道一個答案而已。2和7不一樣，雖然是同一組的（請參考本章最後「數字之間的互動關係」），7號人非要知道真實的答案不可。我的經驗是，你只要說得出口，2號人就能接受那個答案。比如他問你昨天晚上到底去哪裡，你只要說得出答案他就會接受，他覺得你騙他是你的事。因為他只是在兩點當中，需要有人告訴他是左還是右，男還是女。但若是生命靈數2和7都很強的人，就騙不了他，他會既敏感又需要真相。對這樣的人來說，生命只有一種狀態：需要知道真相，所以會花很多時間在研究上。

1號人無法忍受沒有舞台和掌聲、不被看見，而2號人則無法忍受沒有答

案、模糊不確定。如果2號人幫你買午餐，別說「隨便、都可以」，他就是無法做決定，才要問別人，隨便這種答案會讓他發瘋。他只是要一個簡單的答案。2號人其實很簡單，只要告訴他黑或白就好了！

2的流年

如果走到2號流年，其實會有一些決定要做喔！因為會有相對應的考驗事件來讓你真正要做出選擇。很多人在2號那一年面臨抉擇，特別是二擇一的選擇，包含了選邊站、自己選擇要怎麼想這件事。

引導提問

1 你想要做什麼決定嗎？你心中的考量是什麼？有彈性區間嗎？還是只能有一個答案？

2 在這件事情中，你信任內在的靈感嗎？你覺得內在智慧帶來什麼引導？

3 如果這件事有需要溝通協調的部分，那會是什麼？

示範引導

當事人：我與合作夥伴的關係讓我很生氣，我想知道是否還要繼續合作？

引導者：抽到女祭司這張牌，代表了你想要從內在找到答案，答案不在外面，而是在你的心裡。你要先搞定自己怎麼想，就能找到覺得平衡的位置去理解這件事。你想和對方繼續合作嗎？

當事人：其實是想繼續合作的，所以我只要去想，怎麼想這件事可以讓自己覺得平衡？

引導者：是的，繼續合作，需要更好的溝通協調，這是你要學習的課題。找到可以繼續合作的理由，就能夠在彼此的關係中更靠近。祝福你。給自己一個旅程，放心出發去吧！

The Empress

皇后

3

生命中有太多事情要符合別人的期待，深怕自己表現不如他人心意。因此我們會慣性地委屈自己，也不願表達，只因為在意別人的眼光。現在，試著讓生命中的決定與行動以讓自己舒服為標準，開始調整改變吧！

皇后　　III　　表達
THE EMPRESS

我們生命中第三個要學習的課題，就是表達自我，改變的新力量。

　　3號皇后、女皇，也是大地母親的代表、母親的原型，也是照顧者、孕育者的能量，這張牌的關鍵字就是舒服、表達、豐收、豐盛。從數字2變成3，一條線連結第三個點，會變成什麼？你會發現無論這個點出現在哪裡，都可以連成三角形，形成任意的三角形。三角形有很多變化，代表了創新和變動。我們跟著愚者出發，展開輕裝旅行，1是新的開始，開創了新事物後，走到2要做出選擇，做選擇了之後就會有所調整，而走到3，就有創新的改變。

　　在3號的皇后牌面上，你會看到享受、舒服。3號牌的象徵是金星，就是

49

維納斯，代表了愛與美的女神特質。這張牌的原型特質是母親，也是大地之母的原型，而牌面上有稻穗，象徵整個大地豐饒、欣欣向榮，代表孕育萬物的力量。皇后令人感到舒服、美麗、雍容華貴，這些都是3的特質。整體來說，就是種舒服的狀態，因此3號人最無法忍受的就是不舒服。78張牌裡只有3號皇后的椅子上有抱枕，她就是要舒舒服服的，這種舒服包括在別人眼中，都要是很美的。

3這個數字，帶著豐收的能量，也是孕育的能量。我碰到許多3號人的工作都和老師、保母、教育工作、培訓新人有關。他們具有照顧人的特質，因為3號代表大地之母，帶有母性的力量。

3的課題

關鍵字：表達、無法忍受不舒服

為什麼3號人要讓別人覺得他的狀態很好、很舒服呢？其實他非常在意別人的眼光，很在意別人怎麼看他，因此會盡量展現出自己最好的狀態。他會把心藏在椅子下面，有些他覺得不太對勁的事會藏起來，就是所謂的報喜不報憂。讓他不舒服、痛苦或難過的事情，不見得會說出口。做得很好的地方會宣之於口，做錯的地方則想深深埋藏。所以3號主牌、3號的流年、3號數字都一樣，要帶給我們學習的課題是多表達自己。

他可能不知道怎麼開口，因為不習慣。有時候和3號人多聊一點天，多讓他說說感覺和感受，他比較能講出來。

數字3代表了調整和變化，所以隨時隨地都要讓自己很舒服，無論如何都要調整到最舒服的狀態。椅子不好坐的話就找個抱枕、換個姿勢；覺得這個工作做起來怪怪的，就要調整、換工作；櫃子放這裡怪怪的，就要搬到另一個地方去。因此3號人在家裡會不停把東西變換位置。3的特質就是變！因為他要找到最好、最舒服的狀態。他會一直調整自己的三角形。多表達自己，多把自己的感覺說出來，並且要學習不在意別人的眼光。

做自己覺得最舒服的決定就好。有時候3號人會配合別人的意見做出決定，捫心自問，這樣做是因為你覺得好，還是因為對方覺得好，讓你把別人的

條件套在自己身上。有時候3號人會搞不清楚這點，因為想得到別人的認同與讚美，而無意識同意了別人的觀點。

如果你有3的特質，又覺得自己太愛變化，更要開始自我接納。因為變化是3的本質。如果你覺得自己一下東一下西，虎頭蛇尾，千萬不要怪自己，這源自本質。3就是透過變化讓自己變得愈來愈豐富，所以盡情去經驗吧！皇后本就會變換不同的禮服、珠寶飾品等，要形象美麗，要變化多端！允許自己變，因為會愈變愈豐盛。

金星維納斯的能量，讓3號天生帶有美感，也是帥哥美女的數字，隨時都要保持在舒服的狀態，也滿愛漂亮的。3號的舒服有很多種，我也認識穿藍白拖、海灘褲覺得很舒服的人。有個學生分享，家裡三個小孩都是3號人，老公也是3號人，每次回到家，四個3號人都躺在客廳沙發和地板上。因為3號人不會好好坐著，可以坐就不會站，可以躺就不會坐。普遍都有脊椎側彎或久坐富貴病的現象。

3的流年

流年來到3號，要給自己的鼓勵是：不要太在乎別人的眼光、多表達、多把內在感受說出口、不用擔憂、放鬆就可以了。做任何事情都要以自己舒服為原則，才來考量與調整。3號這一年會有些變動與需要調整的地方，要有信心調整過後一定會愈來愈舒服。如果想要做什麼變動，一定要往自己舒服的方向去做出決定，發揮創新的力量。

3號流年要讓自己有更高意識的看見，拉出「心的高度」以及「新的高度」，活出創新的生活。調整原有的工作流程、加入創意與創新，用「新的方法」進行想要做的事。

引導提問

1　你有多在乎別人的眼光？當你表現得不好時，會怎麼看待自己？

2　對你而言，一個讓自己舒服的決定，這個「舒服」需要哪些條件？

3　你會如何把自己照顧好？你可以在既有的狀態中做什麼新嘗試與改變？

示範引導

當事人：我想了解我和媽媽的關係，有辦法可以化解我們之間的衝突嗎？

引導者：你很在乎她的眼光，很在意她怎麼看你，是嗎？

當事人：是的，我最在意的人就是她，真的很想獲得她的肯定和認同，所以從小到大，我都是做符合她期待的選擇，但是我現在覺得自己不快樂，很常和她吵架！

引導者：抽到皇后牌，意味著你要放下她的看法。媽媽的認同很重要，但這張牌在提醒你，更重要的是，外面的資源如此豐富，你的生命如此豐盛，讓自己過得好的關鍵在於回到你自己的舒服狀態。如果你願意就表達你的感受！用你覺得舒服的方式和媽媽說，你想要自己做人生的選擇。

The Emperor
國王

4

你的心中常會有擔憂，想要透過確認而獲
得安全感嗎？對於生命中各種面向，包括
情感、金錢、人際等缺乏安全感，而讓自
己慣性地抓著這些東西不放。現在試著告
訴自己：「我是安全的，一切都會很好！」
請放心自在並在生活中找到穩定的規則。

國王　　IV　　安全
THE EMPEROR

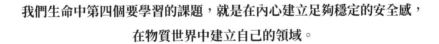

**我們生命中第四個要學習的課題，就是在內心建立足夠穩定的安全感，
在物質世界中建立自己的領域。**

　　4號牌是國王，也是皇帝。代表數字4的是四方形，象徵了穩定與結構，
所以身為一國之主的國王就是最穩定的，他要守護牌面後方的江山、打造城堡
與事業版圖。他同時代表了責任的確認、基礎的建立、形式的確立。

　　我們從1的創造、2的選邊站、3的調整到最舒服的狀態，到4就是確定下
來的平穩，是一種這樣做就會成功的穩定感。開始形成規矩與規則，感到確
定。所以4號人，是可以讓事情穩定下來的人。

4號國王是一國之主，是父親角色的原型，他裝備著盔甲，隨時準備要作戰。他的心中帶有不安全感，他的眼神瞄向別的地方，而後面是他的江山。他左手拿著水晶球，右手握著權杖，確實有股權威和王者風範。座椅上有羊角，那是牡羊座的象徵，是12星座的第一個星座，代表是領頭的，因為他要去開疆闢土。春分點開始的牡羊座很有衝勁，所有植物快速成長發芽，也代表事業蓬勃發展的企圖心，因為國王的天職就是要不斷擴展版圖。他生命本能就需要這樣做，但往前衝之前要先有安全感，他要先確定並觀察局勢現在的狀況。做好準備之後，再全力以赴，這是4號的特質。

在牌面上他穿好盔甲坐著，其實是在觀望。有時候觀察4號人，會發現他比較慢熟，因為還在試水溫，還在感覺。可是4號其實是個很穩定的人，當他一旦投入、認同，就很難改變，就會全力以赴。如果你有家人、伴侶或朋友是4號人，其實非常幸福，因為他會對你很好，他會認同你是他的朋友、家人，他會很照顧你，就像國王一樣。國王的天職就要保護自己的子民，他會捍衛你、保護你。所以有人說4號人很顧家，愛很穩定，情感忠誠度很高。

4的課題

關鍵字：安全感、企圖心、擴展版圖的行動

如果公司的老闆或開創者是4號人，會不斷在穩定中求發展，非常牢靠。身為國王的4號，看起來會有一股不安，所以必須學習的課題就是在內心尋找真正的安全感。既然是國王，他一定很有事業心、企圖心，很想擴展版圖，很想開疆闢土。在4號人的生命歷程早期，會很想賺錢、買房、買車，搞定所有的物質需求，因為他相信只有真實看到的東西才能帶來安全感。可是有一天他會發現，擁有了一切還是有點空虛和不安，他就會開始往內找，才會明白，原來要在內心才能找到真正的安全感。

4號的穩定與安全感，有一個很重要的課題是要落地、落實、扎根、打好基礎。首先，生命中物質基礎的根源就是「身體健康」，擁有健康的身體、把身體照顧好，更能讓自己滿懷安全感去打拚事業與擴展生命版圖。第二，透過與大自然接觸，腳踩草地，將能量落地，也是讓身體放鬆的方式；做事方面，

也能更加務實與實踐。

4的流年

———

走到4號流年的時候，你可能會一直為了物質相關的事情忙碌，很想求發展。但也提醒走到4號流年的人，要多注意自己內在安定的感覺。心裡那種安心、安定的感覺，不是靠物質可以滿足的。不過也有一些比較年輕的4號人沒辦法體會這點，因為他還在忙著打造物質安全感。

4號人走到4號流年時會特別有感覺，他會覺得自己已經擁有一切，現在要回到內在了。

回到牌面，國王坐在王位上，但他眼睛卻在瞄別的地方：「這一座城池我也要打下來，那個江山、那個國家我也要攻占。」會有這樣的心境。

走到自己數字流年時，有一個好處是，你完全知道能量可以怎麼運用，也可以運用數字的優勢能量。如果你順著流年運作，會知道如何好好地完整發揮能量。如果這個變成缺點就會淪為宿命論和命定論，或是同一個版本的你，可能會完全被命運安排，都得不到他自己想要的。他會覺得自己過得很苦，怎麼都被命運死死束縛，難道沒有一點自己創造和改變的機會嗎？這種版本的人生，完全是另外一種扭曲的樣子。

1　對你而言，什麼才是「有安全感」？什麼人事物讓你有安全感？

2　你在生活中的哪些領域裡，是界線分明的？你對哪些事特別「有界線」？

3　你想要打造什麼樣的人生版圖？

當事人：我想要詢問目前生涯規劃與工作，包括自己創業、談更多合作等。

引導者：國王牌對創業者來說，是非常受到祝福的象徵呀！恭喜你！目前還在打基礎的階段，對嗎？

當事人：是的，公司剛起步，也在和很多朋友商討進一步的合作，因為這些朋友都滿有心想做些事情的，好像可以搞得大一點。

引導者：感覺你就是這位國王，有責任心且照顧身邊的人，這個企業國王的版圖會逐漸擴張，祝福你們朝著穩定中求發展的方向邁進！

The Hierophant

教皇

5

內心渴望自由的你，外在行動上告訴自己「做什麼就要像什麼」。被「角色」的規範及形象框住。而這內外衝突矛盾，就是你痛苦所在。現在試著放下角色的制約，讓你活出內心的自由。

教皇　　V　　內外合一
THE HIEROPHANT

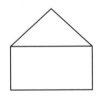

我們生命中第五個要學習的課題，
就是讓心自由、去除制約、展現自我魅力。

先看看5號圖形是幾號圖形的組合，前面提過3號的三角形代表改變，4號的四方形代表穩定、有規則的、有框架的，在四方形上面加一點，就變成5的圖形。又要改變又要穩定，又要變化但是又守規則，所以，5這個數字代表矛盾、有些衝突的力量。自己常常會搞不定自己，在制約中想要改變，在框架中又想活出自由，又要變動又希望有規則可循，要很穩定同時也要很自由。

觀察這個圖形，上下代表不同5號人的不同面向。上面代表他的內心，喜

歡講座右銘，因為他是教皇，經典名句最多。他心裡口號很多，或他很喜歡在家裡寫標語。身為教皇，天生是靠嘴巴說話的工作，這是他的優點，能言善道。雖然5號人不見得認同這點，可能會覺得自己口才不好，但這裡講的不是口才，而是說服力，例如他告訴別人這個東西很好很棒，別人就很容易信任他。因為他是天生的傳道者，才那麼喜歡講經典名句、說道理。不過如果他沒有善用自己的能量，而是有點過度的話，就會變得愛碎碎念、老生常談、愛說教。

教皇的座位前方有兩把鑰匙，兩把鑰匙交叉是教會的符號。教皇在教會裡是協助人們開啟人生智慧的鑰匙，釐清生命的困惑，因此教皇也象徵著教育、專業領域的知識，有開啟智慧的含義。

前面是他的信徒，就是修道士。教皇的位階是非常高的，一神之下，萬人之上，在教廷的權位最高，甚至連國王都需要教皇來加冕。他在那麼高的權位上，一定會碰到矛盾與衝突，當全世界都以他為楷模時，猜猜教皇坐在這裡的心情如何？他得把自己的角色做好，而他的內心卻很想改變，想要自由。我們會說5號是自由數，就是因為這樣。在教皇這個位置上並不自由，會一直被世人注視，並會用外在的框架和角色的標準來限制他。他心裡面想要自由，但只能很正經、傳道，做些很神聖的事。不過這只是個象徵，並不是每個5號人都得從事神聖性的工作，但是對於他的象徵來說，他的內心是渴望自由的，所以內在的座右銘是不自由毋寧死。人生一定要自由，要打從心底活出自己，不想被別人管。身為最高位階的教皇，不能被別人論斷，不能被管。坦白說，5號人的內在追求自由，很不喜歡被念叨、不喜歡被評斷、不喜歡被教訓，特別是在公開的場合。

5號教皇心裡會認為：「我這麼嚴以律己，別人就不要再念叨了。」他對自己的標準已經很高了。但內在渴望自由、想做自己，希望別人不要再用框架限制他，不要再批判他，或不要再對他過度期望。

下面的四方形是他的外在，座右銘是：我身為教皇，就要有教皇的樣子。要做什麼像什麼。他會找到一種穩定的角色規範，甚至會建立自己的規則。身為教皇，所有的教條、規定都是他建立起來的。所以5號人會自己建立規則，自己找到做事的方法，不喜歡別人下指導棋。也可以說他滿有創意的，他可以創新，找到自己做事的方式。內心是「不自由毋寧死」，外在表現卻是做什麼

要像什麼。所以他又要自由，但在面對外在角色框架的時候，又會讓自己去符合框架。

因為是教皇，5號人會帶有宗教情懷，古代的宗教人士也身兼專業諮詢師，引領人走向正確的道路。就像教皇的手印，代表了天國的鑰匙，帶領人回到神的國度。因此5號人對慈善與宗教都很有興趣。如果5號人想走上修行的道路，例如接觸佛教，傳揚佛法等，闡述一些佛教的道理，都是可以勝任的。

5的課題

關鍵字：活出自由、打破制約與限制、叛逆的靈魂

我認識很多5號人，從小清一色都是乖寶寶，都是大人讚譽有加的模範生，做什麼像什麼。好學生、好女兒、好媳婦、好太太、好老公、好媽媽、好爸爸……前面都冠上了一個好。那5號人的課題又是什麼？很多5號人會讓情緒往自己內在去，彷彿內在有個處理系統，形成一個迴圈。5號人有時候會有內分泌失調的問題，包括皮膚過敏。他必須學習在生活中找一個出口。如果你是5號人的好朋友，一定要讓他有機會可以說出口、罵罵人。以前我有個同事是5號人，他的成績優秀到拿區額獎牌，可是每天中午我們都要一起吃飯，因為要一起罵人。工作這麼不爽幹嘛不離職，他會說：「我沒有要離職喔。」他把這個角色做得很好，可是不能讓他很鬱悶，他得要抒發，要能找到一個可以暢所欲言的管道，去平衡矛盾與衝突。

第二個要學習的就是，讓內在的真正自由多展現一點在外在的行動上，也就是內外合一。他內在渴望展現出來的自由，可以落實到外在的行動上。如果他做得到的話，或許會開始調整角色刻板的定義。其實他是可以調整角色的，或許他會認為孝順的乖兒子應該要怎麼樣，但那只是其中一種版本。他可以活出自己真正想要的自由，還是個孝順兒子，卻不必照著傳統的角色樣板。

當他重新定義這個角色的概念之後，就會愈來愈自由，因為他可以回到自己內在真正相信的。不能說他是雙面人，不過5號人有時候想的和做的不太一樣，他心裡覺得這樣是對的，可是回到外在環境中，又很難跳脫框架。

我覺得5號能量比較正確時會是，真正認同自己所想，並說出來，這是很有力量的。如果內外認同不一致，他依然可以講得頭頭是道，但內心會覺得有點空虛。這可以從他生活過得開心與否和身體狀況來判斷。只要5號人的內外衝突，會表現在內分泌衝突和失調上，像是賀爾蒙、皮膚、骨頭等。前面提到的同事就會長一些奇怪的瘤，偏向內分泌系統問題。

　　5號有時候會愛碎念，愛管東管西，來自教皇這個原型的特質。因此，最中肯的建議是，去除角色制約，放下才是真自由。

5的流年

　　流年走到5號，要學習的是內外整合。你要鼓勵自己表達內在的自由與想做的決定，並且展現在外在具體的行動上。把內在真正的自由，落實到外在真實的行動上面。這會極大幫助5這個數字內外合一，並展現魅力。

　　最適合給5號人的作業是，要練習一定要是自己覺得好的、符合內心的自由與決定，才去做。不要自我欺騙，不要因為符合那個角色的要求和條件而做出選擇，這樣會很痛苦。

　　要內心認同才開口說、才去做。不要做內心不認同的事，說內心不認同的話，這可以減少很多內外矛盾與拉扯的能量消耗。

　　如果有個業務賣東西，講得天花亂墜，但他可能從來沒用過，這就是5號人做得到的事。他可以把黑的講成白的，把死的說成活的。5號人是天生的演說家，演講和說話都非常有說服力。他要是想塑造一個角色，完全能夠做什麼像什麼，可說是非常有魅力的人物。

　　我也曾聽過一個媽媽講起自己的5號小孩，小孩在學校非常受歡迎，老師都稱讚有加。但媽媽卻很困惑：「奇怪，老師形容的真的是我的小孩嗎？他在家裡怎麼都不是這樣！我覺得小孩很難搞，為什麼老師稱讚成這樣？哈哈」。這就是5號小孩的家長會有的心情。

1　對你來說，什麼是自由？目前的生活中，你的心是自由的嗎？

2　如果有一個需要內外整合的議題，你覺得是什麼？

3　你有哪些想法被限制？你想要打破什麼樣的制約？

示範引導

當事人：我是兩個孩子的媽，覺得照顧家裡好累，而且煮飯也不好吃，我
　　　　也不想整理家務……

引導者：抽到教皇牌，代表你對自己的角色有所限制。我問你，在家很會
　　　　煮飯、很會整理家務才是好媽媽嗎？

當事人：對呀！我媽媽和婆婆都說，不會煮飯就要學著煮，家務事多練習
　　　　就會做了！但是我光聽到這些就覺得很煩，可以不要嗎？！

引導者：換一個角度想，如果一個媽媽很會買便當、很會叫外賣、會買好
　　　　吃的料理回來擺盤或加熱，這樣可以嗎？我希望你可以感受一
　　　　下，重新定義你對好媽媽角色的概念。打破傳統的框架，尊重自
　　　　己內心的想法，活出你渴望的自由！

諮商塔羅｜大阿爾克那・教皇｜5

The Lover

戀人

6

你一直體貼付出，但常忘了照顧自己。請記住，多將注意力焦點放在自己身上，不以討好的模式來維持關係的和諧。唯有先愛自己，才能在關係中獲得真正的平衡。

戀人　　VI　　愛與關係
　　THE LOVER

我們生命中第六個要學習的課題，就是愛與關懷，善待自己。

6號是戀人牌，這張牌和1到9的其他主牌有兩點特色差異。

一，這是數字1到9中，唯一出現「兩個人」的牌。所以數字6特別重視關係，尤其特別重視關係的和諧、平等和平衡。因此也很重視同伴、夥伴或同儕對自己的影響力。

二，這張牌中有「天使」出現，大天使拉斐爾是天使界的醫生，因此，6號人就像天使一樣熱心助人，會與天使能量連結，也和醫療以及生活照顧有關。

數字6是一個重情感、重關係的數字，親情、友情、愛情各個層面的人際關係，都是6號戀人在乎的課題。因為重視關係及和諧，自然就害怕衝突。6號不喜歡和別人吵架，可以和平處理的就不要有衝突，為什麼呢？答案在牌面上。這張牌的場景是伊甸園，當中的兩個人是亞當與夏娃。亞當和夏娃赤身裸體是因為生活在天堂裡，赤裸也象徵他們是全然地敞開、真誠地對待別人。這也是6號戀人的哲學觀：「我有很多愛，敞開心胸，對人充滿信任。我覺得生活就像在天堂一樣，人性本善，我相信每個人都是很好的，我對你好、你對我好，大家互相幫忙，是愛的互助合作。」這也是6號戀人的生活態度。

但接下來，亞當與夏娃落入凡間，亞當後面是所謂的生命之樹，夏娃後面是知識之樹，樹上有知識善惡果，是吃下就能分辨善惡的果實，一條蛇引誘夏娃吃了禁果。亞當後面的火是代表慾望之火，象徵內在對權力、金錢、慾望、名聲的嚮往。

在塔羅中，只要出現果實、蘋果、葡萄等，都象徵著物質的豐饒。所以在陰性的層面中，我們會被物質的力量引誘，想要過好生活，用好的吃好的穿好的，我們內在的陽性能量，會被權力、慾望、名聲等引誘。當他們落入凡間，發現原來自己有羞恥心與罪惡感，原來生活的真相並非總是平等回應，並不是我對你好、你就會對我一樣好。當你全心信任與幫忙他人時，還是會被詐騙集團盯上。

因此，6號戀人會開始困惑。這個世界怎麼和我想的不一樣，他心中常常在運轉的是：「我對你那麼好，你怎麼可以這樣對我！」失落可能來自於被騙、被欺負、被別人說很傻很單純，怎麼會相信人性本善！6號戀人學到了：生活常常在期待，卻也在期望中失落，同時又還是很想懷抱希望（因為6是天使能量）。6號戀人的本質是「人性本善，世界大同」，這是從伊甸園帶來的對人性的信任，所以他依然相信人性本善，很快就會忘記曾經被欺騙，甚至認為別人一定有苦衷才會騙人，一定是不得已才會背叛別人。

6 的課題

關鍵字：先愛自己、療癒自己、不向他人索愛

「我對人完全敞開心胸，無條件付出，對別人好，我相信唯有如此，別人才會對我很好、才會愛我、才會喜歡我，我害怕自己不被喜歡，所以我要先對別人好，喜歡別人、照顧別人、愛別人。」

6號人一直會經歷付出、期望、失落、期望、付出、失落的過程，最後了解生命真正的課題是「先愛自己」，才能活出真正的平衡。6號人在一個群體裡，會非常樂於服務大家，而且會在很細節、瑣碎的地方照顧大家。

為他人付出的6號人，把很多能量和精力都放在關係裡。對待家人、朋友，他都會招呼周到，張羅得很好。因為他心裡有一種期待，期待關係一定要均衡、平等，但他常常因為這種期待而痛苦，這是6號人的課題，也是讓他痛苦之處。他最無法忍受的就是，不被喜愛，一被他人厭惡，世界好像就崩毀了，而他也就從伊甸園落入凡間。

他的痛苦源自心裡對他人的期待，並不是說有期待是不對的，有期待很正常，但他看得太重了。當他付出一百分，對方的回應只有十分的時候，他會無法理解，甚至對方不那麼友善的時候，他會感到受傷。於是6號人心中常會埋怨：「我對你們這麼好，你們怎麼可以這樣對我。我為你付出這麼多，你怎麼不趕快好起來。」如果6號人向身邊的好友伸出援手，在失戀或痛苦的時候給予安慰，而對方卻沒有趕快好起來，他會感到生氣：「拜託！我已經跟你講兩個小時的電話了，你怎麼沒有轉念，你應該要好起來，快點振作、恢復活力，我都可以很快就好起來，你一定也可以的！加油好嗎？」這就是一個經典案例。

雖然6號人善良又很熱心，想要關心你的一切，但並不是每個人都能夠完全回應這些善意。有時候6號人會對家人對朋友過度關心到失去了界線，而這樣的付出與對待，不一定是對方能接受的。他會忘記自己，甚至看不到自己。

如果是問你與某個人之間的關係，抽到了6號戀人牌，表示你們的關係不錯，因為戀人代表了愛的互助合作關係，也是在天堂中受到天使與神祇眷顧的畫面，這樣的關係是受到祝福的。同時，也可以問問自己在這個關係裡，有時候是否會忘了自己，想想6號的課題。

如果你的家人或朋友是6號人，其實很幸福，他的愛很滋養。

6號人真的抱持著許多善意。和6號人相處的訣竅，就是你要讓他知道，你明白他對你的好，這對他來說很重要。你要告訴他：「真的很謝謝你，我知道你真的對我很好。」或是他買了什麼放在你桌上，你不能默默收下。他會一直提醒你，有沒有看到桌上多了一個東西。

他需要平等的回饋，這是他最在乎的事。他如果覺得付出石沉大海，會很難過。他所表現在外的不是生氣或憤怒衝突，而是傷心沮喪。

6的流年

——

走到6號流年，可能會有一些與課題相對應的事件，或是必須處理的關係議題。受到戀人牌影響，許多人會在6號年結婚，不過無論是離婚、分手、在一起或與家人關係的修復與療癒等，在這一年都會受到天使眷顧。

6號流年的課題是關係，帶來的考驗是，要回到內在去愛自己、聚焦在自己身上療癒自己，取回放在別人身上的能量和力氣。因此，6號人可以向1號人學習，如何把焦點放在自己身上，而不是一味地放在他人身上，以照顧大家為己任。1和6的能量是互補的。到這個流年，也要提醒你，必須更關注自己的感受，你的課題是愛自己、滋養自己、自我療癒。別把太多力氣和能量放在他人身上，結果自己的期待落空又失望，筋疲力竭又失衡。這一整年，就是回到內在，多做一些自己覺得療癒的事，回到自己和自己的內在關係課題來修煉，療癒了「自己與自己的關係」，就能更好地療癒「自己與他人的關係」。

1 你有哪些自我療癒的方法？

2 對不太想接受的事，你能勇敢說「不」嗎？

3 在照顧他人的同時，先把自己照顧好了嗎？

示範引導

當事人：我覺得自己像是個濫好人，別人說什麼我都說好，即使不太想去，我還是會說好，勉強答應，感覺有點委屈。

引導者：嗯，你抽到的是戀人牌，你就像天使一樣，總覺得別人需要自己。這是一種「被需要」的感覺，這個需求被滿足的時候，你就會覺得自己很有價值，是嗎？

當事人：是呀！別人需要我，我可以幫上忙，也可以滿足對方的需要，我就覺得很棒！看到別人開心，我也覺得好開心。

引導者：戀人牌要提醒你的課題，正好就是這個，要先把自己照顧好，先滿足自己身心的需要，包括好好休息、給自己空檔，當你有足夠的力氣時才能更好地協助他人！

The Chariot

戰車

7

面對生活中各種難以抉擇的事，你擔心會做錯決定，因而質疑每個來到面前的選擇，不斷思考、評估。現在的你，幸運之神與貴人就在身邊，請信任你的直覺與決定，相信生命的安排，所有事情將會迎刃而解。

戰車　VII　信任
THE CHARIOT

**我們生命中第七個要學習的課題，就是信任的考驗，
相信恩典與幸運之神常在。**

我們常說 Lucky Seven，7 是個非常幸運的數字，充滿貴人好運的幸運。

而戰車只能有一個方向，戰士的意志力也要集中在一處，戰車無法分裂往兩處前進。因此選定方向後，就能勇往直行。

7 號人，彷彿是生命的勇士，架著戰車，富有聰明智慧。面對抉擇點，戰士會研究哪個才是符合生命真理的方向，他會思考著哪個方向才是屬於自己真正該走的生命道路。

7 號戰車常會思考關於人生的問題，在生活中冒出了這些關於生命、哲

學、宇宙的問題，會讓他想潛心研究。比如說身心靈到底是什麼、塔羅牌是什麼等。接著會開始提出質疑，像是我為什麼會在這裡？人為什麼會活得這麼痛苦？人要怎麼樣才會快樂？我要怎麼樣讓自己更好？怎麼才能找到關於生命的真正答案？諸如這類的問題。再來他會研究、探討這些問題的答案到底是什麼。

如果有個人說：「學塔羅牌是最好的。」7號人可能會質疑，這真的是最好的嗎？沒有別的了嗎？另一個人說：「那你不要學塔羅好了，學OH卡，OH卡最適合你了！」7號人仍舊會質疑，為什麼這最適合我？優缺點各是什麼？如果又有個人說：「學靈氣是最好的。」7號人還是不會輕易相信，靈氣真的是最好的嗎？憑什麼靈氣是最好的？請證明給我看。7號人的研究精神就展現在這裡。他和2號人有很大的差異，2是黑白對錯的二元對立，但7是綜觀許多選項去做分析。他需要一個真實的答案，所以會不斷研究。至於為什麼他需要真實的答案，因為他相信一定存在一個最真實與最完美的答案。

不過，這也會為7號人帶來痛苦。在他不斷研究、考慮、分析的過程中，會落入了無法選擇的痛苦。因為當他每碰到一個選項，就會思考這真的是最好的嗎？再研究一下、觀察一下，繼續搜尋資料。每種選項他都要分析，比如辦活動就要考慮各種可能性，像是雨天備案、人數不足等，他會盡可能找出所有的選項，每個都要考慮進來。所以在戰車牌面上，戰車是靜止不動的，因為戰士還在思考現在到底要怎麼做。

在牌面上還有一個玄妙之處：戰車是沒有韁繩的，所以戰士只能靠自己的意志力來決定方向。所以他得要回到自己的內在去思考清楚，搞清楚一切，戰車才能繼續往前走。因此所有狀態都是一體兩面的，因為他停在這裡思考太久，戰士和戰車的力量都無法發揮出來。這也是7號人最常碰到的問題：考慮太多，而無法做出選擇，於是錯過很多機會。因為他都只是在想，缺乏行動力。

7 的課題

關鍵字：選擇、信任、真實

對於7號人來說，他的生命課題就是學會如何信任自己的選擇。

戰車牌面上的人面獅身，一黑一白，朝向兩個不同的方向（對比牌面：2

號女祭司，女祭司的黑白兩根柱子代表是非二元），這一黑一白代表了神性與獸性的考驗，是關於信任的考驗。

什麼是信任的考驗？請你想像這個畫面，戰車面前有許多條路，而它停在選擇的交叉口，戰士的心裡在想：我到底要去哪裡？我該往哪個方向去？哪個方向才是最好的？

帶著信任來抉擇，是我們生活中很常出現的必修課題。

在生命中，不用理性分析來做決定，而是透過直覺、透過自己生命經驗去研究出來的選擇，信任那個選擇並做出決定，就是最好的。否則容易出現在7號人身上的一種狀況是，做了選擇又繼續觀望，最後懷疑自己的選擇。因為7號太善於質疑，做了決定A，卻又觀望B，如果別人說B、C都很好，他更是猶豫不決。這是7號人必須學習的課題，要信任自己內心的決定，順從直覺地選擇。

不會做決定，或是不知道怎麼做決定，好像也沒什麼關係，因為7號人在生活中總是會遇到大大小小的貴人，這些人會告訴他該往哪裡去，如果7號人具備足夠的信任感，就會順著指引前進。可以說他的優勢和最大的天賦是很喜歡思考，徹底分析，但如果這樣的能量太過頭，就會變成想太多，沒有行動力、質疑太多、缺乏信任感，這其實是一體的兩面。

7號人非常重視真實。奉勸大家不要欺騙7號人，或許6號人會輕易上當，付出信任後也不會埋怨，但7號人一旦受騙，這輩子可能都不會再相信你。我碰到很多案例是，7號人如果在情感上曾被欺騙或背叛，而產生了不信任，就無法和這個人再繼續關係。因此，最好的方式就是直接告訴對方真相，直截了當地說清楚，7號人會由衷感激你的據實以告。7號人最不能忍受的就是不誠實和欺騙，我覺得是因為他無法忍受假象。這影響了為什麼他要考慮這麼久，他會害怕做出不對、不好的選擇。他最害怕的就是錯誤和不真實，因此無論被欺騙或是做錯選擇，都會讓他相當痛苦。就算他在感情上是被劈腿、被欺騙、被隱瞞的一方，他也會因為自己選錯人、沒有看清楚而痛苦，同時也造成他下一個決定要想得更徹底，深怕再犯錯！

7號人對什麼是虛假的、欺騙的，或錯誤的，有天賦的直覺。7號人若能慢慢練習找到做決定的模式，就會發現做決定會愈來愈快，能把更多力量和力氣花在行動上，而不是一直思考。他能夠邊行動邊研究，從行動中能夠更了解

什麼最適合自己，具體的行動和實際的狀況能帶給他更多回饋。我很常鼓勵7號人，有時候真的不用想太多，再怎麼想，都不可能周全完善，一定會有考慮不到的地方，所以也不用再想了，只要信任自己，就去試試看吧！當你一邊試一邊實踐，就會從實踐的過程中發現你適合什麼。因為根本沒有一個最好的選擇，只有適不適合，而沒有所謂的好不好。

這樣7號人會愈走愈順，因為他會在路途中碰到新的貴人幫忙，讓他的每個決定都可以順利過關。我覺得這是7號人最奇妙的地方，充滿貴人的命格，因為7這個數字本身就是幸運的。

有人說6號是學不會情感的經驗，7號是學不會做決定的經驗。我的數字九宮格中有兩個7，我買東西就是看店員推薦什麼，就買他推薦的，信任他的眼光。我發現這個練習帶來的是：不必花那麼多時間思考，反而能省下更多力氣去做別的事情，那樣帶來的樂趣更大，因為很多行動會告訴你什麼才是適合你的。

7是個有趣的數字，喜歡思考、研究、學習。特別是在學習性的課程中，很容易見到7號人。7號人的樂趣來自研究，在探索的過程中，發掘出喜歡與不喜歡。這是種探索與了解自己的需求，會不會持續深化下去倒也不一定。

7是偏思考與理性的數字，會耗費很多能量在做決定上，所以我建議可以透過行動來取得一些平衡。有時候實際做和想的完全不一樣，做了再回頭調整，會比較平衡，才不會有很多能量卡在抉擇點上，不僅能量無法發揮，更會錯失良機。

7的流年

7號流年是貴人運非常旺的一年，7本身就是幸運數字，這也是充滿幸運力的一年。

牌面上有許多星星在頂上的布幕中，其實7號有一個非常重要的元素是「信任自己的靈感」。

走到7號流年，就要開始做研究。這裡指的並非學術的研究，而是為你的生命做研究，研究什麼才適合你，什麼是你生命中真正的道路。有人說7是個比較理性，或偏精神性、較不物質的數字。你會發現5號之後的數字能量帶來的感受，和前面幾個數字不太一樣。

7號人喜歡研究、思考，所以會有許多靈光乍現的時刻。如果說7號人最重要的課題是信任，就是信任自己的靈感做出的決定，而不是用理性抉擇。用理性去分析，是因為從小受到教育、體制的訓練。特別在7號流年，我會鼓勵不要一直用理性分析或思考太多，這當中有很多都是來自焦慮造成的擔憂或恐懼，因此，及早規劃或是思慮太多，在這一年並不是好事，我傾向信任貴人帶來的靈感、指引，或是自己突如其來的直覺。順著信任前行，比較符合7號的能量。

在許多案例中，我發現7號人的恐懼來自想像，預先擔心自己做出錯誤的選擇，但務實地帶他們檢視生命經驗後，才發現並沒有真正發生過。他以為自己做錯了選擇，其實也沒有那麼嚴重，不過是多走了些彎路。這樣才能修正7號人對於做決定的恐懼。我有幾個學生就是這樣，害怕做錯決定，導致自己無法做決定，只好讓別人代勞，或讓環境來選擇。但落入被動選擇的時候，又會埋怨：「這又不是我選的，我是被迫的，沒得選只好選這個。」這種時候我會逼他們主動地盡快選擇，別再想了。我遇過幾個誇張的案例，有人沒辦法吃西餐排餐，主餐十二選一、甜點湯四選一，太多選擇反而無法抉擇。有人沒辦法吃自助餐，手上拿著空盤四處繞，繞了兩圈等朋友都結帳了，他的盤子還是空的。7號可以找出一個做選擇的模式，比如一進早餐店就說：「老闆，一樣。」這樣最簡單。重新選擇對他們來說很麻煩，在同事聚餐時，直接點跟隔壁的一樣。他如果覺得這種選擇的習慣是最容易的，其實就不用再傷腦筋了，可以把更多的力氣花在別的地方。

7號戰車，就帶著信任繼續前進，走錯再換方向就好了。

引導提問

1. 站在十字路口，你在猶豫什麼？是什麼讓你難以下決定？如果這是一個信心的考驗，你認為是在考驗什麼？

2. 你生命中的戰士能量，都聚焦在哪些事情上？為了哪些事會特別有戰鬥力？

3. 生活中充滿幸運與恩典，你最想感謝的人與事是什麼？

示範引導

當事人：我想知道如果我下定決心去做這件事，有沒有什麼提醒或盲點要注意的？

引導者：你抽到戰車，這是一個關於信心的考驗，看看你有多相信生命、有多信任自己的決定。

當事人：所以信任自己就沒問題了嗎？

引導者：當你先放下對自我的質疑，行動本身能替你破除恐懼。貴人無所不在，幸運力會在你願意看見的時刻出現！去行動吧！

The Strength

力量

8

你的生活被忙碌的工作所占據，連休閒、娛樂與學習新事物都不放過，行程滿檔，一刻不得閒。因為你的人生總是要「得有意義、有目標、有進步、不斷自我超越及學習」，來證明自己的價值。現在，你需要更多的放鬆發呆、做白日夢與無所事事。

我們生命中第八個要學習的課題，就是自我超越、發揮力量。

8號是力量牌，倒著的8是一個無限大的符號，在1號魔術師的牌面上也出現過，但展現的方式和1號不太一樣，1號是以自己為創造的中心，從無到有、開創無限的力量，而數字8走過前面七個數字課題的修煉，跟著愚者一起出發的生命旅程，經歷過一些人生的課題才走到8號這個階段，所以8號的無限大是指在既有的基礎與穩定上，內在力量無窮無盡。同時，無限大的符號象徵著生生不息的循環，無論從哪裡開頭，都會回到原點，代表了我們內在的思想，決定了生命實相如何顯化的關鍵。從什麼意念開始，就會看到什麼外境回到你面前。

因此，無限大的力量會讓8號人不斷精益求精，不斷成長突破，追尋更好的生命品質。

8是個忙碌的數字。8的發音近似「發」，很旺的意思。當能量很旺的時候，就不會是悠閒或閒閒沒事的狀態，會是同時多線進行的運作，所以8號人生活會比較忙碌，同時發展很多項目，又可以掌握得很好、很優雅。

在牌面上也能找到答案。女人和獅子的組合，女人代表了陰性溫柔的力量，獅子代表了野心獸性、陽剛的力量，而這個畫面叫做以柔克剛，堅定的溫柔力量超越了野性。女人一手摸著獅子的鼻子，一手摸著下巴，獅子身體有些彎曲，代表了獅子願意臣服於她，力量可以為她所用。也可以說女人是馴獸師，或是獅子的主人。這是一種溫柔的力量，只有溫柔的力量才能和陽剛的力量平衡，產生和諧的力與美，而非硬碰硬。牌面呈現出和諧的力與美，女人並非用蠻力和獅子對抗，而是用溫柔的力量，因為女人知道獅子的獸性力量有多強大，不可能用蠻力取勝，而是要善用柔軟的力量，才能讓獅子的力量為己所用，她更可以借力使力，把獅子的力量完全發揮出來。善用資源、整合並連結資源，讓自己發揮得更好，這就是聰明8號人的天賦！

這個牌面還帶出8號人的一項特質，人是萬物之靈，獅子是萬獸之王，他們在各自領域中都是佼佼者，因此8號人的重要特質之一，就是無法忍受「笨人、慢人」。一個人動作慢，會給人感覺笨；一個人做事的方法笨，會給人感覺慢。8號人喜歡和聰明、有能力的人交朋友，認為要同等級的人才足以相交。不能說8號人勢利眼，因為他覺得這種程度的人才配得上他，才能和他互相匹敵。

如果你要好的朋友或伴侶是8號人，要非常開心，因為你在8號人的眼裡是個優秀的人，你有讓他欣賞的優點，才能成為他的伴侶或好朋友。有人會誤以為8號人喜歡競爭，但8號人並非競爭型的性格，他的競爭對手是自己。他在生命階段中會想要不斷成長，並且自我超越、自我突破。正因為如此，會有點不安於現狀。他會想要再超越、再突破，看看自己是否能做更多不一樣的事情。

因此他和強者為伴也是為了激勵自己，我覺得這是8號人的優點，他能欣賞自己覺得很不錯的人，惺惺相惜，英雄惜英雄。

8號的能量是優雅與和諧，力與美的平衡，雖然忙碌，同時進行多個項

目，但是他絕對不會讓自己亂得灰頭土臉，他會在這個過程中找到讓自己平衡的次序，循序漸進，逐一完成。

8的課題

關鍵字：目標、放鬆、忙得優雅

8號人要學習的課題是放輕鬆。對他來講，除了無法忍受笨和慢，還會不斷鞭策自己要超越突破，自我要求較高，加上停不下來的忙碌。但他的焦慮是內在的，表面上往往看不出來，你會覺得他表面上看起來很優雅，內在卻一直在數著節拍前進，想著「我接下來還可以做些什麼」。所以我認為8號人必須學習放鬆，生命可以多點輕鬆感，不然真的會過勞死。

除了無法忍受笨和慢，8號人也無法忍受沒有意義的生活。因此8號人的另一個課題就是學習做些無意義的事。

在結合靜心畫圖的曼陀羅課程中，有個學員是8號人。她說：「現在為什麼要閉眼睛？老師，閉眼睛要做什麼？有什麼功用、有什麼好處、有什麼效益？」我故意這樣回答：「沒有意義，完全沒有意義，就是坐在那裡，然後放空。」她很焦躁，到了中場休息，大家都躺著午睡，她卻要看報紙，吸收新知，研究時事，她認為睡覺是浪費時間。第二天，我發現她快要坐不住了，開始憤怒，拿到圖就亂著色一通，「好了，畫完了，現在呢？趕快下一張，老師總共還有幾張？全部統統都給我，我一次做完。」我說：「同學，這件事情不是這樣的。來，讓我說給你聽……」，三天下來她已經快崩潰了，最後我告訴她：「你生命中有一個重要的課題叫做：學會什麼叫做無所事事，什麼叫做放空，什麼事都不做，就是空白！」她答道：「老師，我的字典裡沒有空白。怎麼可以空白，因為空白就沒有意義！」我說：「這就是你來到這裡的意義。」

8號人的狀態就像是，還在爬這座山，就已經看向下一次要攻頂的那座山。一個計畫中還在執行，就已經規劃好下一個計畫了。如果他坐在馬桶上，就摺好衛生紙，開始想他等等走出廁所後要做什麼。永遠有下一個計畫在等待，永遠有下一件事情要去完成。所以在某個時刻，他的確需要安靜下來，無所事事。不過坦白講，這對8號人來說，是不太可能的。所以比較中肯的建議

是，到沙灘和無人島度假的時候，可以帶著電腦去處理一些事，坐在沙灘上處理公事，對他來說比較合理，不然他可能會閒得發瘋。如果他很清楚自己的目標，會非常投入。回到前面說的，一個計畫還在執行，他就已經在思考下一個計畫，因此對8號人來說，目標、計畫和攻頂非常重要。只能要清楚告訴他目標是什麼，到目的地可以做什麼，什麼時候攻頂，攻頂後會多美好，讓他能想像那個願景，就可以全力以赴。假使告訴他，禁語十天禪修營會讓人生產生完全不同的拓展，他就能認真投入，並且得到許多收穫與體會，因為找到可以投入的目標。

8的流年

———

走到8號流年，是拓展生命的一年，因為這一年充滿力量，很忙碌也會很發、很旺。你能拓展生命的能量，也有很多機會在等著你，會有更多的自我超越、自我突破，可以嘗試很多沒試過的事情。無限大會開始發揮作用，而無窮無盡的可能性就從這裡蹦出來。

在這一年裡，或許你會感覺想要控制，想要掌控一切。你想要抓住一切，掌控整個局面，這樣的狀態有時候會給你身邊的人帶來壓迫感，太過強勢讓人覺得不舒服。因此，要提高自己的意識與覺察，放下過多的焦慮，這一年的豐盛與力量才夠真正的展現。

可以做一些沒有嘗試過，並且對生命有效益的事，會讓你變得很具目標性，也很有成就感。8號流年適合設立目標，全力以赴，要超越、要攻頂，一座接一座山去插旗子，拉紅布條，拍照。8號數字很奇妙，顯化力超強，只要設定目標，全力以赴，很難不成功。8號人如果有什麼事情沒做到，那是因為他不想做。只要他想做的事，就會全心投入，全力以赴，並且成功達成。所以8號小孩其實不太需要大人擔心，他完全知道自己在做什麼，就讓他好好發揮，做自己想做的事。經歷過7號流年的研究階段，明白自己要走的道路、要投入的方向，在8號年設定好目標全力以赴，積極擴展，而接下來9號流年就會回歸內心智慧。

引導提問

1　你目前生活的目標是什麼？你的目標可以帶領你進行哪些自我超越？

2　如何幫助自己善用資源、整合資源？讓自己更優雅地借力使力，達成目標？

3　是否能覺察內心的意念，創造出真正想要的結果？

示範引導

當事人：想知道目前的專業工作，怎麼做可以更進一步？

引導者：你抽到力量牌，我好奇的是，你目前有工作目標嗎？

當事人：有幾個想要進行的目標，但覺得如果要全部做到有點難，不知道可以怎麼做？

引導者：力量牌給你的提醒是要「借力使力」，讓他人的資源和力量幫你完成目標，你要做的是授權給別人執行，你做統籌與連結。

The Hermit

隱者

9

「說出口」的表達課題！或許你認為：「說了你也不懂！」總是在群體或關係裡，把自己抽離出來，置身事外。現在，該是多表達的時刻了！讓你與他人的感覺流動，讓自己藉由分享，允許更多的智慧傳遞出來。

隱者　　IX　　智慧
THE HERMIT

生命中第九個要學習的課題，帶著內心的指引，看清自己的道路，
走向靈性世界修煉，並再次把大愛帶給眾人。

　　當年的愚者，走到最後一個境界，踏上靈性追尋的道路，就是9號隱者。

　　9號是隱者，也是所謂的智慧老人，智者。在牌面上，周遭一片黑暗，他披著袍子，提著燈，看著地上，甚至有時他是把眼睛閉起來的。9號的特質中包含了低調，會讓人覺得他並不華麗。9這個數字比較傾向靈性世界，往內心邁進，和內在的能量在一起，也比較低調內斂。回到自己的內心深處，而非張揚外顯。

這位智慧老人走過了0到8，清楚知道一路上都發生了些什麼，這些都是累積生命經驗的過程。就像個帶著最多生命智慧的老靈魂，提著油燈，光明象徵他的心，心中的指引替自己指出智慧方向，為自己照亮前路，同時也在提醒和指引別人，替他人引路。

　　他很低調，也很享受獨處，不太喜歡別人的注目，不喜歡成為聚光燈下的焦點人物，因為他是隱者，離群索居，他只想自己修煉就好了。但是，充滿困惑的人、需要尋找人生方向的人，大老遠就能看見隱者，黑暗中就屬他的光芒最閃耀。有個人提著燈，散發著智慧光芒，「他應該是知道路的，我們去問他，他可以給我們指引。」

　　許多9號人的生命歷程很奇妙，在很小的時候就會遇到很多人來問問題。他也不懂為什麼，但大家就是覺得這個人可能有答案，或許他從來也沒經歷過，跟這些人聊聊、說說話，可能也沒什麼特別的建議，就能讓人覺得獲益良多。這是9號與生俱來的特質、天賦的力量。

　　這樣有智慧的人，不能只讓他低調地與自己的內心獨處。眾人需要服務時，就很需要他來貢獻智慧。累積內在的生命經驗，適合和他人分享，因此9號人最後常會走上靈性服務的道路。9號隱者適合從事靈性服務工作，給人生命的引導或方向，分享生命的經驗與智慧。如果一開始還是想要低調，不習慣和太多人分享，可以練習從一對一的引導，或從小群體的分享開始。

　　9號隱者的老靈魂經歷了許多人生經驗，所以在某些事上會變得比較淡泊，也比較沒有感覺。前面的數字，比如喜歡變化的3號，就喜歡好玩、新鮮的事物。但對9號人來講，很多事情都經歷過了，都走過了，引不起他太大興趣，只想好好待在自己的世界裡享受安靜。有人會覺得9號人的哲學觀比較消極，或比較悲觀，他可能會覺得「講也應該沒什麼用，算了。」性格比較淡泊，讓人覺得容易放棄。比如說他會出現這樣的想法：「我們也不用和別人爭，既然不是我們的緣分那就算了，不用太計較。」他知道自己只要內心平靜就足夠，帶著一種與世無爭的感覺。這些獨到的看法或態度，都能給予朋友指引或建議，他也會樂於分享經驗。

　　澄清一個迷思，雖說9號比較低調、沉潛，卻不代表他不愛分享。我認識許多活潑的9號人，也很健談。他不會人來瘋，他是隱者，隱者不太會站在舞台上帶大課程或大團體，他比較適合私底下互動，或是幾個朋友坐著談天，他

就能聊很多。隱者的能量不屬於開班授課型的群眾能量，而是喝咖啡談天、泡茶嗑瓜子，分享各自體會到的人生哲理的類型。

9的課題

————

關鍵字：分享、大愛、服務

低調的隱者在生命中要學習的課題是，用自己覺得舒服自在的方式與他人分享，因為他的天命是服務他人。他得要從自己的深山裡走出來，走入人群，入世服務，在這個過程中他要練習適應人群，分享與服務就是9號的課題。

9號人有時候會覺得「我自己知道就好」，也可以說他比較「獨善其身」。他不太想多管閒事，比較出世，也比較抽離，是個觀察的角色。他也會有點淡泊，不好爭，容易落入消極的狀態。我覺得9號其實可以好好發揮智慧能量，也鼓勵擁有智慧光芒的9號隱者，可以為人服務，與人分享。

9號不太喜歡群體活動，也不喜歡人太多的地方。常會說自己孤僻，做事不太會敲鑼打鼓，不會昭告天下，通常做完了才會說出口。戀愛關係也不喜歡一直放閃，非常低調，我以前有個同事是9號人，我知道她結婚的消息時帖子已經印好了，在這之前都不知道她交了男朋友，保密到家！這就是經典的9號隱者。

9的流年

————

在8號流年的豐盛忙碌結束之後，9號流年就是休養生息的一年，可以稍微喘口氣，安靜下來，回到內在。這一年可以好好回顧前面這些年都在忙什麼，整理自己的生命經驗。

多給自己些獨處的時光，也很適合閉關靈修，沉澱下來，回顧過去九年中發生的種種，調整並展望未來的新方向，可以先醞釀、準備下一個九年想要做的事。

九年的循環走到最後，9號流年可以說是結束的一年，也適合好好地向一些事情告別，畫上句點，不適合做重大的變動。如果要變動，1號流年比較適

合全新的開始。例如想要搬家，在9號流年可以先收集資料、看房子、找房子，詢問他人經驗，或處理舊房子等，到1號流年才搬進新家。或是新的行動，比如創業、開幕，在1號魔術師這一年比較適合，會比較順應流年能量，因為數字1代表新的開展。

流年走到7、8、9這三年，都非常適合學習、進修、考試、專業深造。

引導提問

1　如果有些關係與事情要結束，那會是什麼？

2　在你的人生經驗中，最想要和他人分享的部分是什麼？

3　你有哪些事情想要沉潛下來，想要低調行事呢？

示範引導

當事人：我現在的生活混亂，找不到方向，想要尋求一些指引。

引導者：你抽到隱者牌，他是智慧老人，象徵著你內心的指引，鼓勵你回到內心，猜猜看這個智者如果有一句話要告訴你，他會說什麼？

當事人：我看到他拿著燈，好像在照亮我的道路，如果他是我的內心，我覺得他是想要告訴我，保持光明與希望，循著那道光，帶領我踏上人生道路。

引導者：抽到這張牌，屬於比較靈性世界的層面，也代表了心中的指引，會帶領你走向精神世界的探索，你可以朝著這個方向進行一些學習並分享，就會逐漸獲得啟發。

·數字之間的互動關係·

生命從宇宙的混沌中誕生，跟著愚者上路，初生之犢不畏虎，

帶著人生的夢想傻傻向前衝，開始我們人生的旅程，

一路走到隱者獲得內心智慧的指引，完成了一個階段的循環。

了解這些數字的基本架構後，再來稍作延伸，

進一步學習數字之間的關聯性，了解彼此的美妙關係。

世代差異

不難發現，不同世代的人有著不同的文化脈絡及性格差異，這些所謂的「世代差異」，用數字能量來觀看就變得很有趣。

出生於二十世紀，也就是1900至1999年的人，在本質上比較衝突，想要展現自己，渴望舞台與掌聲，像一道閃耀的光芒（1號魔術師），可是心中又覺得光芒不要外露，要低調，要修煉自己，要整理好自己再出發（9號隱者），會感受到這樣的矛盾衝突。而2000年後出生的人，本質上帶有2號女祭司的靈性品質，黑白二元的立場比較清楚，這兩個世代的配備本身就非常不同。

數字的對比

1和6這一組屬於互補型的。1代表開創、創意的力量，6則代表重視人際關係，愛的互助合作幫忙。1和6要互相學習。

2和7則是相似型的，有共通的選擇議題。2是兩點當中的選擇，在是非對錯中選擇；7則是在許多選擇中擇一。2是女祭司，象徵內在、靈性，情緒敏銳、是幕僚、智囊團；7是研究、信任自己的靈感直覺，信任一切來到我面前的都是幸運的，帶有貴人的好運安排。

3和8同樣都具備了優雅，或創意，也象徵豐

富。3希望生命豐富多彩，充滿變化；8也是，他追求不斷地學習成長突破，讓生命精益求精。3和8都具備優雅的能量，而內在卻帶有豐盛、想要更多元的特質。

4和9，一個是開疆闢土的國王，一個是隱居的智者，他們都帶著穩定。9的穩定表現在內心世界，是內在的獨處與靈性追尋。

在5和0的關係中，5要向0多學習。5的死穴就是角色包袱很多，而0卻沒有包袱，很輕鬆。如果5號人的九宮格裡有0是好的，0可以平衡掉一些框架的束縛，5要學習0的樂天特質，放下過度的焦慮和擔憂，做事的時候，能夠放下，往前走。5嚮往自由，0可以讓他不必想太多，回歸初心，找到最初的渴望與源頭的心動力，重點就是忠於內心，臣服於心的自由而行動。

每個數字無法忍受的地雷

其實每個數字的人都有最無法忍受的事，也就是「在什麼情況下，很容易踩到他的雷」！

1號魔術師，無法忍受沒有舞台、沒有掌聲、沒有被看見、無法掌控。

2號女祭司，無法忍受模糊、不確定、沒有答案。

3號皇后，無法忍受不舒服、醜，很在意他人眼光。

4號國王，無法忍受人不安全、不穩定、界線不清楚、自己人被欺負。

5號教皇，無法忍受不自由、被嘮叨、被規定。

6號戀人，無法忍受不被愛、不被喜歡、沒有平等回應。

7號戰車，無法忍受虛假、欺騙、難以做決定。

8號力量，無法忍受沒有目標、無意義、無長進、慢和笨。

9號隱者，無法忍受群眾聚集的場合、沒有靈性。

將自己的生命靈數做組合數的能量練習，找到屬於自己的力量！這裡舉兩個例子，拆解數字組合來做分析：

例1　6號戀人

雙倍的3號母愛，成為6號天使：33/6。

我有個朋友是6號人，而且是33/6的組合。一起出去吃飯的時候，其他人只要坐著等就好了，她會張羅好所有事。一到餐廳，她就去點餐撈魚抓蝦。菜上桌之後，她又馬上站起來去拿碗筷分菜，魚上桌了，她也照樣分魚，只差沒有替大家剝蝦。我們出去玩，她車上一定會準備各種備品，像是雨傘、雨衣之類的，身上好像隨時都帶著醫藥箱。她的6號特質特別強化了媽媽照顧者的這個部分，很會照顧大家。她忙完一輪，請她趕快坐下來，不要再忙了，吃點東西，她會說：「其實我早上吃得很飽，現在不餓。」有時候她的反應會讓我們覺得太辛苦了。她也把家裡張羅得很好，照顧先生、婆婆、小孩，一切都是她在忙。她是很經典的33/6，我常常提醒她：要多照顧自己，多愛自己。

例2　9號隱者

9號隱者有不同的組合能量。

27/9類型的隱者，像是溫暖的哲學家，因為2和7都是思考型的數字，2號女祭司是心靈內在的能量，7號戰車是尋求真理和思考研究型的。

36/9類型的隱者，像是大愛的服務家，會想要多一點人與人之間的互動，因為有3的親和力與照顧者特質，也有6的天使特質，會加強人際親和方面的特質，喜歡與人互動相處，照顧與服務他人。

45/9類型的隱者，像是慈悲的企業家，多了些企圖心，有4號國王的穩定沉著，也有5號教皇的宗教情懷、穩健的魅力與說服力。

18/9類型的隱者，是能量滿滿的靈性創造者，有1號魔術師的舞台展現與創造力，也有8號力量的豐盛與優雅平衡，追求什麼目標就能做到什麼。

第三章

主牌大阿爾克那 10-21

0到9讓我們學會了最重要的數字基礎，從10號牌開始進入兩位數，一樣也可以用前面已經學習過的「生命靈數」概念來理解。

把兩位數加起來後可以得到個位數，就等同該數字力量。

10號牌，1+0=1，再次回到數字1的力量，可以對照1號魔術師的意義來理解，是10到18這個階段的新循環，是一個新的開始。以此類推，11號牌，1+1=2，回到數字2女祭司的二元力量。

準備好了嗎？跟著愚者第二階段的生命旅程，讓我們一起進入主牌10到21的探險吧！

The Wheel Of Fortune

命運之輪

10

你在經歷一個改變的時刻，這個改變被宇宙祝福與護持著。無論發生什麼，你生命的各面向均會朝向更有智慧的進展前進，恭喜你！

命運之輪　X　改變
THE WHEEL OF FORTUNE

　　10號是命運之輪，中央有個大輪子，象徵著轉動、生活的改變與前進，四大神獸鎮守住四個角落，穩定守護四方，代表四個固定星座（穩定世界的四條軸線），看書與閱讀代表學習與智慧，整體象徵著即將到來的改變有四大神獸的智慧守護，改變的歷程更是一種學習的鍛鍊。

　　這張牌最重要的關鍵字是「改變」。每天的生活不斷面臨各種改變，生命一直往前推進，生生不息。從牌面左邊可以看到改變的象徵物——蛇，蛇會脫皮，脫皮本身代表蛻變的力量，蛇會經由脫皮不斷成長、汰舊換新。

輪子下方有另外一隻神獸支撐著，這隻背負著命運之輪向上攀升的神獸，就是胡狼頭神**阿努比斯**（Anubis），代表支撐和承載的力量。因此，在改變的過程中，象徵支持、有力、「接住自己」。這也代表了成長的機會，把握住這個機會，就能向上提升，翻身一搏。輪子上方是人面獅身，拿著劍代表了維持平衡、象徵黑白二元的力量。就像太極的陰與陽，白中有黑、黑中有白，在變動的過程中提供陰陽共存的穩定平衡，讓輪子不至於失去方向，或失控亂轉。

　　整體而言，抽到這張牌是面臨改變的情境。蛇帶來了蛻變的力量，下方的阿努比斯支持與承載著輪子，可能會有一些改變，透過蛻變可能會帶來的不斷前進，同時又得到支持的狀態；上方的人面獅身，提供了穩定平衡。

　　回到數字來看，解讀塔羅牌有個訣竅：搭配牌面和數字來思考，數字代表它提供了數字能量或火風水土，無論數字或四元素，都有一個元素的力量。除了這個元素，還要搭配牌面。命運之輪的數字代表了1，象徵這個改變其實是「一個新的開始」。這個改變的方向呢？引導者可以適當鼓勵一下：從牌面看起來，四大神獸在四方守護著你，所以這個改變會朝著更有智慧的方向前進。

　　10這個數字很特別，每到一個循環的最後就是10的力量。比如說從1開始到10，接著11到19，20又是以10的力量結尾。所以10的力量是數字階段的最後一個，但又代表下一個階段的開始。所以10通常都有「改變、換階段、往下一個階段」的象徵。如果當事人最近的生活很倒楣，並抽到這張牌，你要恭喜他：「恭喜你，要出運了！這是一張出運牌，你不會永遠都這麼衰，風水輪流轉，你的命運之輪已經開始轉動，會有一番新氣象。」除了改變之外，更是一個新開始的力量。

　　如果當事人的生活已經過得不錯，也可以告訴他：「你的生活會有一些持續的變動，這些都是朝向智慧方向前進，所以你只要順著變動前進，就會過得很好了！契機來到你面前，可以好好把握，更是一個向上躍進的機會！」許多人會對命運之輪這張牌感到懼怕，害怕改變會帶來混亂與不可控制的局面。透過引導者的引導與解釋，就像是阿努比斯與人面獅身，支撐住當事人的慌張，穩住他的心。

　　風水輪流轉，把握對的契機去行動，在混亂中等待順流且穩住自己。

　　等待好時機與貴人相遇，撐住自己、穩住自己，帶領我們蛻變與提升，他人扮演我們生命中的轉變力量，我們也會是他人生命改變的推手。互相成為彼

此的支持，迎向創造新生活的關鍵！

引導提問

1 你最近的生活中是否出現什麼改變？或即將到來的改變可能會是什麼？會造成什麼樣的生活變化？

2 你是否做好準備去迎接這樣的改變？你想要把握這個改變的時機嗎？有什麼樣的感受？會不會害怕？是否覺得不安？

3 你直覺認為這是一個什麼樣的契機？將帶領生命走向什麼樣的智慧之境？這會給你什麼樣的學習與提醒？

示範引導

當事人：面對即將來臨的旅行，有什麼要注意的嗎？

引導者：看起來這趟旅行其實是提醒你自己要順流。可能在旅行的過程中，會發生一些變動的事件，比如說突然車子班機延遲，或是氣候問題導致航班取消。有很多不可控的狀況提醒我們要順流，我們哪裡也不能去，只能坐著等待飛機起飛。這是一個臣服課題的學習。所有力量都是有支撐的，被宇宙的力量、無形的力量承載著，無論是天使或四方神獸的守護，我相信這個改變最後是會美好的。當我們這樣想的時候，會覺得安心，因為這個力量並不是要讓你產生更大的混亂。

◎提醒─

在解讀上，可能會碰到你認為不好的狀況牌，但我更想鼓勵大家的是「先放下二元對錯的解釋方式」，從諮商塔羅的角度去理解並帶出重要的關鍵和精神，思考並詢問：「這張牌帶來的提醒是什麼？要我們學習什麼？」抽牌的用意不是要嚇自己，而是提早看見這些狀況，有機會提醒自己，如果碰到事件發生，就會想到這張牌給予自己的練習與提醒。

The Justice

正義

11

心中的許多價值判斷、批評、指責都要一一
經過自己的天秤衡量，是否符合自己心中的
公平正義原則。現在，請你放下這些標準，
放過自己與別人，讓自己自由。

正義　　　XI　　　公平與衡量
THE JUSTICE

　　1+1=2，對應2號牌女祭司。正義牌與女祭司一樣（座位和姿態也相似），都具有二元、是非黑白的力量。11號正義牌上面坐著的是法官，因此這張牌也帶有專業協助、法律事件的議題。法官與2號女祭司的冷靜觀察互相呼應。法官拿著秤，秤代表對於某件事的衡量和判斷，代表了內心的道德標準。秤的一邊放著砝碼，一邊放著要衡量的事，砝碼代表了他心中認為「公平正義的標準」。當他認為符合公平正義原則時，就沒有問題；但如果不符合，他就用右手的劍，「做出裁決」。

　　這張牌帶出了詢問者「如何理解這件事」的想法和情緒，還有他所做出的裁決與行動。引導的重點是引發他探索自己對於公平正義的觀點。這是一個「看清自己內心所想」的機會，說出來、看見、理解了自己，他就會發現心裡的轉折，而逐漸改變心情。因為他能清楚明白自己遭受不公平對待，就可以調整。他能夠知道自己在乎什麼，進而做出新決定與新理解，才有機會溝通、協調，找到二元對錯當中的平衡點。接著，法官就能有一點彈性。如此一來，就

可以回到數字2的原則，在這裡會有更多對自己的認識、知道自己真正在乎什麼，搞清楚之後自然就不會有糾結與掙扎。因此，這是一張明白自己內心需求、讓自己獲得平衡的牌。

數字11就像一道讓我們進入改變的大門，在人際互動與合作關係中，找到平衡的對待之道，讓想要釋放的執念可以放下，讓自己與他人都能互相公平對待。

引導提問

1　關於你剛剛說的這件事，我很好奇，你覺得在這個議題或事件裡，什麼叫公平公正？

2　說說看你心裡面的那把尺，是用來衡量什麼的，衡量的標準是什麼？那個砝碼象徵什麼？

3　如果真的無法求得公平，要如何平衡你自己的心情，怎麼想才能讓自己平衡？

示範引導

當事人：老師，我最近做報告覺得好煩喔！就是我們在系上有個專題要分組……（抽到正義牌）。

引導者：對你來說，做專題報告分組討論與團隊合作，怎麼樣才算公平？你心裡那把尺的標準在哪裡，別人做到什麼地步，你才會覺得公平。

當事人：不公平呀！因為都是我在做！其他人都沒有貢獻，我覺得很生氣。

引導者：你覺得這樣的狀況不公平，那你想要做些什麼嗎？

The Hanged Man

吊人

12

試著做些不一樣的事情與行動，在生活中允許更多突破的改變與嘗試。反問自己：「只有這個方法嗎？只能這樣想嗎？」你將會在不同的思維中看到更多亮點。

吊人　XII　逆向思考
THE HANGED MAN

　　1+2=3，對應3號牌皇后，數字3就是帶來變化，變化是為了讓自己更舒服、更好或更完美，所以變化是帶來調整的動力。這張牌是吊人，或稱倒吊人，這張牌的原型是耶穌基督，他是心甘情願受刑的。為什麼吊人願意用這樣的方式來呈現自己？因為他覺得頭上腳下的角度，得不到自己想要的，於是選擇用另一種角度來看這個世界。他的頭部發光，象徵靈光乍現。一般的角度與眼光看不到自己想要的答案與啟發，所以寧願倒掛，用不同的角度來看世界，逆向思考，這也呼應了3號數字的改變與創新思維。

　　通常抽到這張牌的人，個性上都有一點叛逆，想要特立獨行，做一些不一樣的事情。

　　舉個例子，如果找不到某樣東西，抽卡詢問「失物」，抽到吊人牌，意味著你要換一個地方來找。要是手機不見了，可以從貓貓狗狗的角度來找，或許會出現在你意想不到的地方，所以找一些不太可能的地方，愈不可能就愈有可能。你或許找了衣服口袋，但可能是你在坐沙發上的時候掉出來，藏在沙發下面。

再舉一個例子，如果問感情關係的問題，抽到吊人，可以去觀察對方的不同面向。你或許能看到這個人帶來的不同感覺，或是你們可以做一些新鮮的事情。想要有所不同，就用不同的思考點來看待這個人。

塔羅牌常常可以指出我們沒有注意到的部分，可以說是盲點，或是我們沒有觀察到的自己。

引導提問

1. 你覺得這件事情有沒有別的可能性？有沒有可能用別的方式來想？
2. 有沒有別條路可走？如果有其他的選擇，會是什麼？
3. 你要用什麼來交換你想得到的東西？你願意奉獻自己嗎？

示範引導

當事人：為什麼我一直單身，一直沒有男朋友？

引導者：你抽到吊人牌，代表了你期待一段關係的樣貌要是特別的，你很想要有所不同，你不想要一般的戀愛關係。

當事人：哇！太準了吧！我覺得寧缺勿爛，普通的關係並不是我想要的。

引導者：是的，因為你現在遇到可能的對象，其實都沒有辦法讓你有特別的感覺。

The Death

死神

13

這是一個要你放手的時刻，放下自己緊抓不放的人事物，不是每件事都盡能如意，現在的低潮很快會過去，新的曙光即將展露，黑暗的力量也會轉為光明。

死神　　　XIII　　　放下執著
THE DEATH

13號是死神牌，因為「13號黑色星期五」，讓人對13這個數字有些恐懼[1]。13是死神，1＋3＝4，4是一個框框，有種固定或固執，或疆界的感覺。

死神是騎著白馬的骷髏、死氣沉沉，死神所到之處，都變成一片荒蕪。白馬也殺紅了眼，凡見者必死無疑。牌面背景處是冥府之河，河的對岸有一道石柱門，迎接死後重生的新生命，而象徵希望的太陽即將升起！

死神下方的人物都在主牌裡出現過。躺著的是4號國王，5號教皇合十莊嚴迎接死神到來，尊重且神聖面對死亡的過程；撇過頭的是8號力量牌中的女人，她面對死亡的時候是視而不見的、否認的、彷彿不想看見死神的來臨；一位是19號太陽牌中的小孩，天真單純，好像什麼都不怕，他拿著花、好奇地看著死神。這四個人，代表了四種面對死亡的不同態度。

為什麼這張牌和數字4的固執與執著有關？在死亡面前一律平等。無論是

---

1 ｜ 其實13這個數字，在13月亮曆當中是一個「宇宙」的數字，我個人非常喜歡13這個數字。詳情請參考《星際馬雅十三月亮曆》。

戴著皇冠的國王，或小孩、教皇、平民百姓、女人，當死神來臨時，只能放手，每個人都只有一條命！就算家財萬貫也沒有用，不想放手也得放手。

這張牌要我們學習面對緊抓在手上不想放掉的各種執著，死神這張牌是很重要的象徵。並不是說抽到這張牌，就等於死定了，並非如此。

我們或多或少都想過：如果生命只剩下最後一天，要做什麼？還會繼續做著現在正在做的事嗎？在時間有限或沒得選擇的時候，你的優先順序馬上就會出現，清楚看見最重要的是什麼。

做了某個決定，就要放下原本固執的想像。因為後面的太陽就快要升起！石柱門之前代表舊的階段，門的後面代表新的階段，而石柱門就是一道門檻，是新與舊的交替。前面死寂一片，但太陽即將現身。諮詢時，許多人在狀態不好的時候都會抽到這張牌，我會告訴他：「這就是最不好的狀態，其實最糟糕就是現在這樣而已，你也還活得好好的，放心！有新的希望即將到來！」

當死亡在你面前發生，凡事都不能再「將就」！會逼你做出最核心的選擇。

引導提問

1　有什麼執著是需要放下的？有哪些固執的觀點和想法需要放手？

2　死亡帶來重生的力量，太陽升起之後，你希望生活會變成怎樣？

3　在死神面前的這四個人，你被哪一個吸引？（可能也代表了抽牌者面對這件事的態度。）

示範引導

當事人：食之無味、棄之可惜的工作到底要不要離職？

引導者：如果你現在被宣判即將死亡，那你要離職嗎？

當事人：當然！二話不說馬上離職！

引導者：那就很清楚了！我並不是真的要你離職，抽到死神牌，是給你一個思考。如果真的身體健康出了問題，你要不要離職，馬上答案就出來了。更重要的是，你要思考什麼是你執著放不下的？

Temperance

節制

14

調整能量、去蕪存菁，提煉你內在的黃金品質，不必太小心翼翼，它不會過度氾濫或失控。你所需要的是更放鬆、更自在、更流動地因應自己與愛的議題。

節制　　XIV　　調節情緒
TEMPERANCE

　　1＋4＝5，14號節制牌與5的內外合一有關。請想像有一個人告訴你：「要節制呀！你要節制一點」，會是什麼樣的感受。他的想法是什麼，或是他擔心什麼？什麼樣的狀況需要節制？正如牌面顯示，要將一杯水倒進另外一個水杯的時候，要專注小心才不會灑出來。所以你要小心翼翼地控制掌握水流的速度與方向，水的元素在塔羅四元素中代表了情感，也就是感受、感覺。針對情感的調節與溝通，透過這兩個水杯，必須十分小心控制，牌面很好地呈現了節制的主題與象徵。這裡的大天使，必須要小心翼翼地調整自己，好好處理情感、感覺、感受的任何細節，必須控制得宜，以免失控。

　　節制牌對應數字5號的圖形，三角和四方形，出現在心輪的位置，三角形代表了渴望的自由與改變，四方形代表了規則與外在的框架。心裡面渴望的自由和改變，被自己的框框限制住了。框框代表了「你應該要控制好」、「你應該要小心謹慎」。心渴望自由、內外合一，就像擁有寬闊翅膀的大天使，要如何才能夠展翅高飛。同時，三角形符號的天使象徵了火天使米迦勒，真金不怕火

95

煉，煉金的過程更能讓自己去除雜質、提升自我。

牌面中環境優美，水仙花搖曳生姿，就算水滴出來，不過是再次回到池塘裡被大地接收。天使一腳踩在水裡（精神層面），一腳踏在土地上（物質層面），其實是代表很好的銜接，連接不同的元素，達到平衡，對他來說沒什麼需要過度擔心。14回歸到數字5，是個內外整合的數字。外面的環境與資源相當豐富，因此可以放心去做自己想做的事。抽到這張牌時，你是有天使守護的，好好去掉外在的制約，讓內在珍貴的純金能量顯現吧！

引導提問

1 　你的心渴望什麼？在什麼事上想要展翅高飛、放手一搏？

2 　最近有哪些內在狀態需要重新整理？有哪些情緒需要好好去蕪存菁？

3 　內心世界與物質生活需要哪些平衡？生活條件和環境中，有哪些資源可以支持自己？

示範引導

當事人：我想要去告白，不知道現在時機是否合適？

引導者：同學應該都滿鼓勵你去的吧。不過你是不是不太敢告白？想很多？

當事人：老師你怎麼知道！？

引導者：你抽到這張牌，動作上綁手綁腳，但你看周圍的水仙花、太陽都欣欣向榮。你很小心翼翼，拿捏要怎麼做比較好：「真的要去嗎？好緊張呀！如果講了被打槍、被發好人卡，這樣又做不成朋友。」先調整一下自己的心情，就放手一搏吧！像天使一樣展翅高飛吧！水灑出來並不會怎麼樣，對吧！

The Devil

惡魔

15

別抱怨生活中的不如意是別人造成、是無
法改變、是迫於無奈的。因為這些都是你
自己的選擇！都是你心甘情願，為了滿足
自己心中渴望與需要所做的決定。現在你
可以正視它、接納它，因為你隨時可以離
開這個枷鎖。

惡魔　　　XV　　　物質慾望
THE DEVIL

　　15號惡魔牌，1＋5＝6，對應6號戀人牌，這兩張牌面很相似，都有亞
當夏娃，呈現了不同的對照。6號牌的戀人身處伊甸園、天堂，而在15號惡魔
的牌面上，他們卻變成撒旦的奴隸。這是撒旦、惡魔的象徵，頭頂上的五芒星
象徵著物質，五芒星在四元素裡代表了土元素，即物質。

　　惡魔代表了人們的物質慾望，對金錢、權力、物質或名聲的慾望。撒旦最
了解我們想要什麼，用火把來引誘我們內心的惡魔，當心中慾望太強大時就會
變成魔鬼，我們被慾望禁錮，渴望變成了貪婪，於是甘願成為奴隸，交換慾望
所需。

　　亞當和夏娃兩個人頭上都長出了角，變成了撒旦的奴隸，脖子上套著鐵
鍊。鐵鍊其實比亞當夏娃的脖子還大很多，如果他們真的想要離開，隨時都可
以拿掉鐵鍊。而且，惡魔[2]也沒有抓著他們。這些都象徵了「他們自己心甘情

---

2 ｜ 這裡的惡魔手勢是邪惡的手勢，而教皇的手勢是祝福的手勢。

願到這裡，套上鐵鍊，心甘情願被物質的渴望束縛。」

　　這張惡魔牌是內心的試煉，協助我們「看清楚」之後，明白自己為什麼做出這個選擇，或究竟被什麼慾望困住，或為了滿足什麼樣的需要而寧願承受壓力卻不離開。

引導提問

1. 你為什麼心甘情願留在這裡？是什麼在吸引你？有一個滿足你需要的渴望，那是什麼？
2. 誠實面對內心的慾望，這些慾望帶來什麼樣的感受？會有壓力嗎？
3. 做出某個選擇的決定，內心的魔鬼或黑暗在述說些什麼？

示範引導

當事人：工作壓力很大，想問「去或留」。

引導者：抽到這張牌，代表這個工作能滿足了你某一項物質需求，你覺得是什麼？

當事人：薪水很高！所以我不想離開，但是又覺得好痛苦！壓力好大！

引導者：你抽到惡魔牌，壓力是一定有的，但薪水也是很重要的，你為了這份薪水繼續留下來，即便壓力很大還是沒有離開，因為你明白這份工作可以滿足物質生活的需求，這份明白是很重要的！那我也好奇，如果你有一天離開這份工作，壓力解除了，你猜可能是因為什麼？是物質需求被其他事情取代，或是薪水的收入被滿足了？

The Tower

高塔

16

過去的世俗成就，是經歷某些痛苦而堆積起來的灰色高塔，住在塔頂的你並不是真正的開心。現在的你想要突破現狀，吸引某些改變的事件來到你身邊，迫使你打破這道高牆。將光環榮耀摧毀，丟掉過去包袱，都是為了成就更美好的將來。

高塔　　XVI THE TOWER　　摧毀與重建

16號高塔，1+6=7，對應的是7號戰車牌，學習的是信任課題，7代表了幸運，所以這張高塔牌同樣也隱藏著幸運的意思。許多人覺得高塔象徵災難來臨，一看到這張牌就會心生恐懼，「天哪！我要跳塔了，要被火燒死了！」

高塔的牌面帶著毀壞、爆炸、燒毀、意外、被警告，摧毀再重新來過的含意。這座塔建築在陡峭的山上，是經過時間累積慢慢築高的塔。周圍一片漆黑，山下冰天雪地，有點像《冰雪奇緣》裡的場景，主角躲在山上，用冰雪城堡封閉自己，最好永遠不被世人找到。這座塔建築在冰天雪地的灰暗處，灰暗代表了痛苦、不舒服、不愉快。

要是住在這座裡頭一片灰暗的塔裡，大概就像住在監獄裡一般。要築成這麼高的塔，是需要一番功夫累積的，而這座灰色的塔正是痛苦累積的過程。想像塔頂的大皇冠原本是好好戴著的，表示在世俗的眼光裡，這些痛苦累積起來的功成名就，是受到肯定的。皇冠代表榮耀，是受到讚許的。

或許做了某件事讓你痛苦，可是大家卻覺得「很棒，這樣做對了！」當

然，生命的腳本無法這樣繼續，因為住在塔裡的人已經快瘋了，而他想要改變自己的這一股意念，引發了突如其來的事件。牌面上的閃電象徵突然、快速、意料之外的。閃電突然劈在塔頂，轟掉了皇冠。美好的一切即將崩毀，而且也不會拖得太久。突如其來的事件會迫使改變發生，塔開始起火了，而住在裡面的人只能逃命。他跳出來時頭頂上還戴著皇冠，代表他依然戴著某種榮耀，不過什麼包袱都來不及收，過去累積的所有家當都化成灰燼！不過，他也是幸運7的象徵，所以跳出來之後，還留著一條命（留得青山在，不怕沒材燒）。這樣的改變不僅讓自己突破困境，更為了接下來的新發展與更美好的願景。雖然這個過程可能是痛苦、不舒服的，但必須要經歷徹底的毀壞，才能抵達幸福恩典的時刻。就像「塞翁失馬、焉知非福」，雖然現在看起來不好，但後面會有美好在等著你，這讓你學會信任，並重新打造真正的自己。

引導提問

1　你最近（問的這件事）發生一些出乎意料的變化，是什麼？要你從中學習什麼？

2　畫面中的人是你嗎？你從什麼樣的塔中跳出來？感覺如何？

3　高塔的崩毀是為了找尋真正的自己，你想重建什麼樣的生活？

示範引導

當事人：我想考研究所，改念自己喜歡的科系，但是父母和老師都反對。最痛苦的是，原本的成績不錯，他們都說我不繼續念很可惜，叫我千萬不能放棄！要我念書考試可以，但我真的沒有興趣！

引導者：你抽到高塔牌，看起來打掉重練的時候到了！而且由不得你爸媽不要，這個環境有點險惡，但也是一個翻身的機會，看起來你過去所有的累積必須在這裡拋下。

當事人：所以我可以做自己，去讀我想念的研究所了嗎？

引導者：我看你不去念也不行了，準備跳塔吧！你應該感覺快被燒死了。回去好好和父母溝通吧！你做好心理準備了嗎？

The Star

星星

17

在瞎忙的生活與工作中，你是否已經迷失方向？是否覺得自己都在做白工呢？請你暫停一下，抬起頭來看看你的目標、你人生的初衷、方向在哪裡，為自己設定好目標後，重新投入。

星星　XVII　目標投入
THE STAR

在高塔崩毀後，我們最需要的就是光明與希望，接下來要介紹來自天空中的三道光：星星、月亮、太陽。

17號星星牌，1+7=8，對應的是8號力量牌，只要一想到數字8，就會直接聯想到忙碌且優雅的能量，星星牌面上的女人顯然很忙，一隻手倒水不夠用，還要另外一隻手也一起倒水。接著，8號力量有個很重要的關鍵就是「目標」。目標清楚明確、全力以赴，通常都能做到，而且是輕鬆達標。仔細看牌面會發現她頭頂上的目標象徵，這顆主星象徵著生命道路中的北極星，從北斗七星的杓子延伸出來就可以找到北極星。北極星就像黑暗的夜空中一顆閃亮的星，象徵希望的指引，引導人生的方向和目標，當我們在瞎忙、迷失人生方向與目標的時候，記得抬起頭確認一下自己生活的方向與目標。女人象徵著真誠和全然投入，找到目標之後知道這是自己想要的人生方向，就能夠全然投入。在牌面中，樹枝上有隻小鳥，正在提醒：「主人！抬頭看看，星星能替你帶來目標的指引，生活是有解的，請懷抱希望！」

對應數字8的頻率，要把力氣花在刀口上，這張星星牌更有聚焦的意味，要有意義、有方法、有效率、借力使力。因此星星牌也是，對應到同樣的頻率，是優雅且聚焦的。

在忙碌的人生裡，我們偶爾會迷失方向，星星就像是一股啟發的力量，可能是貴人、更可能是自己內在的覺醒，內心總有一顆明亮的星星帶來指引與希望。找到希望與指引後，旁邊的北斗七星象徵著靈光乍現，許多被啟發的靈感、生命的資源，許多自己願意去看見的恩典，就會同步照亮星空。找到屬於自己生命中最獨一無二的那顆星，帶著自己獨特的存在方式，帶來療癒與希望，閃耀吧！

引導提問

1. 你有什麼目標嗎？你知道自己的方向在哪嗎？
2. 你知道自己平常都在忙些什麼嗎？你的時間和力氣都花在哪裡？
3. 你會如何讓自己放鬆？你會如何整合資源請求協助？

示範引導

當事人：想要了解自己與伴侶目前的關係。

引導者：你們兩個有共同的目標嗎？

當事人：我們比較少聊到未來的目標耶……

引導者：你抽到星星牌，看起來是有希望的、有方向的。你們可以聊一聊彼此共同的願景。可能會找出共同的一致性，例如我們的感情要走到哪裡，或是有沒有共同的價值觀、共同努力的方向，如果你要出國讀書，那兩個人是否有共識？可以一起為了目標而努力嗎？

The Moon

月亮

18

未來的發生充滿無常與變化,而面對未知帶來了內心的恐懼,我們永遠不知道下一刻會遇到什麼?世事多變化,會焦慮是一種自然反應,試著面對,去看見它、接納它,然後讓它穿透過去。

月亮　　XVIII　　未知的恐懼
THE MOON

　　18號是月亮牌,1+8=9對應9號隱者牌,所以月亮牌和隱者會有類似的隱藏能量。隱者有股像是觀察者的出世感,偶爾觀點會比較消極或負面,是生命歷程中的灰暗地帶。而月亮牌正巧反映了這些心裡對於未知的將來所產生的恐懼不安,以及自己沒有覺察到的隱憂。

　　月亮掌管內在的情緒,月相的變化與移動非常快速,因此內在情緒的改變也很快。有時候情緒真的不容易觀察到,如果沒有覺察到,或沒有反映出來,就會在內在不斷影響我們。月亮直接影響的就是潮汐的起伏,包括女性賀爾蒙影響的生理期與心情,這些都和月亮有關。

　　順著牌面上這條道路往前走,路旁的野狼、野狗和蟹多少會令人擔憂。不曉得他們是敵是友,會友善相助或群起攻擊。我們對未知有許多不安,這張牌代表我們對未知的恐懼,未來隨時隨地都在變化,這也是月亮的一個特徵:陰晴圓缺,變化多端。未知充滿了不確定性,而這種不確定感讓人害怕。

　　月亮牌象徵了內在那種不確定的感覺。關於「不知道會發生什麼」的未

來，我們充滿擔憂，而情緒就會隨著這些狀態不斷起伏。

每一張牌都有相應的困境，但也一定可以從困境中找到解決的方法。明亮的月光灑落，照在這條路上，一直到盡頭。仔細想想，雖然乍看情緒毫無規律，但月亮週期卻提供了一個有跡可循的觀察。未來雖然不斷在改變，我們也不知道會如何到來，但這種焦慮和不斷變動的狀況其實是有週期的。到滿月之日，你會知道，經過循環，新月又將到來。這象徵著焦慮不會永遠存在，未來也不見得是完全不可預知的，而我們依然有機會和力量去創造自己想要的。

月亮牌帶起我們內在的積極性，正因為未知，所以我們才得以創造，而且還帶有9號隱者的智慧。月亮牌同時也教導我們，內在沉著穩定、帶著智慧，很多恐懼其實都是自己嚇自己，變化也是在考驗我們接納不確定的彈性有多大。狗吠月亮，並不會對月亮造成任何影響，月亮依舊順著陰晴圓缺不斷循環！觀察大自然的現象，焦慮與平靜、新月與滿月，春夏秋冬的演變，都是不斷循環的過程。這樣當你發現自己焦慮的時候，會覺得自己好像可以接納某些焦慮，焦慮也是一種自然的過程。在焦慮時，就觀察自己的焦慮吧！無法做出判斷的時候，也不要強逼自己做出決定。

引導提問

1　你在焦慮些什麼？你會如何安定自己？

2　面對未知不明的狀況，先不要急著做出決定，那你會做些什麼？

3　看著月亮，或曬曬月亮，內心會有什麼感受？

示範引導

當事人：我想要離開家裡去其他城市工作。

引導者：你抽到月亮牌，你對於即將去到那個城市有些不安、不知道會發生什麼、未來充滿不確定，是嗎？

當事人：是的。我沒有在那邊生活過，不知道會發生什麼，其實會害怕。

引導者：在內心不平靜的時候，先不要做決定。讓自己安靜下來，觀察這些焦慮，等內在不安的雲霧散去時，再看看會出現什麼指引。

The Sun

太陽

19

所有隱藏在暗處的真相，都會因太陽昇起而顯露出來。在陽光下，所有的事情都被看得清清楚楚，再也藏不住。這正是一個朝向光明美好與希望的契機，一切都會因為真實而愈來愈好。

太陽　　XIX THE SUN　　清楚看見

在面對月亮牌的未知恐懼和內在情緒之後，接下來就能重見光明啦！

19號太陽牌！1+9=10，1+0=1，象徵新生兒。新生兒、向日葵、太陽這幾個象徵都代表了希望、新的開始、正向的力量。也帶有數字10命運之輪的力量，所以太陽牌也代表了改變的力量，代表會朝著希望和光明的面向改變，而這個改變會帶來新的開始。

牌面中的馬代表行動力，拿著勝利旗幟的孩子象徵全面性的成功與開展的機會，而圍牆象徵著遮蔽。

想像在太陽還沒有出來之前，布旗蓋住了牌面的上半部。太陽一出來，揭開布幕，向日葵顯現出來，一片光明。這個象徵我們稱為「真相大白」，真相被揭開，事實攤在陽光下，一覽無遺，象徵著終於不必再掩藏、已經曝光。

曾經有位提問者詢問關於自己外遇出軌的問題，抽到這張牌，我建議他：「最好趕快回去向老婆坦承，因為已經紙包不住火了。所有的事情都將攤在陽光下，一清二楚。主動講清楚對你們的關係會比較好，因為這是太陽牌，你愈

想隱藏其實愈不利，布幕已經揭開了，這時候要說清楚講明白。把握這個可以攤牌的機會吧！」

太陽是無比閃耀的一張牌，帶有對生命的熱情與好奇心，也是塔羅78張牌當中最光明閃耀的一張。抽到這張牌的人，個性就像是晴天娃娃，穩定且散發著溫暖，會為生活帶來光明、滿足、希望與成功的機會。 即便遇到不太愉快的事情，太陽牌依然提醒我們要從光明樂觀的地方去想像與創造。

引導提問

1 　真相被顯露出來，你的感覺是什麼，會擔心嗎？

2 　如果揭開表象，能帶來光明，這也是最好的發展狀況，你可以接受真相嗎？

3 　這是一個成功的大好機會，你準備好了嗎？

示範引導

當事人：關於同事之間的衝突，人際關係的問題。

引導者：你抽到太陽牌，代表這個衝突有個光明正向的理由，猜猜看，如果發生這件事是要帶你往好的地方去，你覺得是什麼？

當事人：可能我早就不太想跟這個人來往了吧！所以剛好趁這個機會認清他的為人。

引導者：所以也不需要煩惱了，布幕揭開後，一切都真相大白！

The Judgement

審判

20

你正在思考、醞釀的事情，將面臨最後的抉擇！已經沒有太多時間躊躇。現在，必須要決定！請在心中選定一個抉擇，並堅持住。你的心靈與意識也準備好要覺醒了！別再沉睡。

審判　　　XX　　　最後關頭
THE JUDGEMENT

　　20號審判牌，2＋0＝2，又要做選擇了，可是這和2號女祭司的選擇相當不同，2號牌的選擇是才剛開始，而審判牌已經走過人生一輪，到最後的階段，所以這張牌象徵生命最後一個階段，也就是審判，這也代表聖經故事裡的末日審判。末日審判來臨時，就是生命即將結束的時候，評判你的這一生。牌面上的天使是加百列，吹著號角呼喚大家來到神的面前，所有人都要被審判。

　　抽到這張牌的提問者，他想問的通常不是剛剛發生的事，應該是有一段時間了，否則他不會抽到審判，因為這是人生走完最後一個階段，已經要做最後的決定了。所以這張牌也代表事情已經到最後關頭，要算總帳了，或是大限已至，沒有時間了，有種火燒眉毛的感覺。

　　我在學校當心理師時，最常碰到研究生抽到這張牌。論文、專題火燒眉毛，來不及了！或是諮商完就要去談分手的學生，我會說：「同學，你現在才來！這些事情想很久了對不對？」這張牌就是請他做出最後的決定。有時候也不是真的要一個決定，而是在心裡做出抉擇。例如和某個人的關係很不好，考

慮要不要繼續合作，或要不要和這個人繼續來往，這是種心裡面的決定，在心裡畫下界線，就像是審判，清楚明瞭，做好事就上天堂，不義之人就下地獄。寫論文，要不就現在馬上趕工，今晚不睡也要弄完，明天交給教授，要不就延到下一次才口試，慢一點畢業，你必須要做出選擇。

做出決定時，會有種解脫、得到救贖的感覺。牌面中的十字正代表救贖。大天使吹號角也是種喚醒人類心靈覺醒的象徵，提醒人們不要再沉睡，快為自己做出決定吧！有的人抽到這張牌，做出內在的決定後會有股清醒的感覺。這張牌為他帶來覺醒，當他做出決定，感覺就像醒過來一般。

引導提問

1　這件事情你已經思考或困擾一段時間了嗎？

2　你要從什麼樣的狀態清醒過來？覺醒後的你會是什麼樣子？

3　現在的果，都是你過去種下的因。你想要替自己的往後種些什麼意念種子呢？

示範引導

當事人：問感情是否該分手。

引導者：這張是審判牌，你沒有時間了！我好奇，這件事情你想多久了？是不是想要分手已經拖一陣子了？這張牌提醒你要清醒過來！

當事人：是呀！我覺得應該要做出決定了！沒錯，我覺得我不應該繼續渾渾噩噩跟這個人鬼混下去了。我應該要好好振作，重新正視我自己的人生！

引導者：做出決定，清醒過來，你想做些什麼呢？

The World

世界

21

你必須給自己一些空間與時間，每天花些時間獨處，讓自己靜默，這就是你生命的舞台。在個人的內在空間中沉澱，讓生活中各個面向回到各自所在的位置。因為你能做你自己，他人也更能做他自己！

世界　　XXI　　圓滿完成
THE WORLD

終於來到最後的世界牌，宛若天堂！

21號世界牌，2+1=3，對應3號皇后的舒適、豐盛、舒服地表達自己。牌面中央人物的姿勢非常輕鬆自在又舒服，擁有自己的舞台，拿著魔法棒，彷彿可以創造出人生另一種新的可能性。

命運之輪的四大神獸又出現了，在各個不同的領域中守護著，牌面上也看到葉桂冠圍成一個很大的圓，不僅象徵圓滿，也表示畫上句點的圓形，是完成的意思。

在這個圓滿完成的象徵裡面，有自己的舞台和界線，在當中自在地舞動。因此，讓我們思考，什麼是圓滿？世界牌讓我們學習到，真正的圓滿是在走過人生的一切後，會發現其實生活中無論是權力、人際關係、金錢、物質、家庭等各個不同的角色，都有其不同的發揮，因此信任每個人會有恰如其分的展現，在每個位置和角色中都能發揮自己。正中央的主角，也只需要把自己的舞台發揮好，界線清楚，這就是真正的圓滿。

通常抽到這張牌的人都滿開心的，因為這象徵著圓滿的完成。如果是問人與人之間的關係，我會建議：「你們要給彼此空間，要有彼此的角色分野，可以允許對方成為他自己，不要過度干涉，或是要能充分尊重。」

這張牌的感覺是舒服又沒什麼負擔的。主角拿著魔法師的棒子，表示創造性很高。如果是媽媽來問要怎麼樣引導孩子，抽到這張牌，我會建議：「不要管太多，給小孩充分的空間，他就會長得非常好。他需要一個夠大的舞台去發揮。媽媽你就管好自己的事情，孩子也會管好自己的事，不必擔憂。」

引導提問

1　回顧一下你最近的狀態，你完成了些什麼？

2　你會如何給予自己與他人發揮的舞台？你的舞台是什麼？

3　順利進展到下一個階段，你想要做些什麼？

示範引導

當事人：我想問工作，還會不會有進一步的發展？怎麼才能更好？

引導者：這是一個圓滿與每個角色都各自到位的狀態。你會得到你想要的舞台，以及你想要的地位，你可以發揮你想要發揮的能力。

當事人：那有什麼建議嗎？

引導者：在這個過程當中，要展現充分的信任，以及充分的授權。如果你在主管的位置，對於屬下、團隊在做的事情，也不能過度干涉。要允許每個人成為他自己，給他們一些空間，這樣力量和能量才能夠回到他自己。別人才能尊重他，允許他活出自己人生的舞台。如此一來，你將會有更大的能量去做你想要做的事。

第四章

副牌
小阿爾克那

·小阿爾克那總論·

副牌小阿爾克那共有56張，運用四大元素「火、風、水、土」區分成四個組合，也就是四個小牌組：權杖、寶劍、聖杯、錢幣，在本書中會依照紅、白、藍、黃來區分。

火元素：權杖（Wands，紅色牌組）
權杖代表火元素，掌握權力、有行動力、有力量的，掌管了行動層面。

風元素：寶劍（Swords，白色牌組）
寶劍代表風元素，思想與變化性，掌管了想法與信念層面。

水元素：聖杯（Cups，藍色牌組）
聖杯代表水元素，掌管了內在情緒、感受的流動。

土元素：錢幣（Pentacles，黃色牌組）
錢幣代表土元素，掌管了金錢物質、實際的、務實的層面。

四元素人像圖形解讀

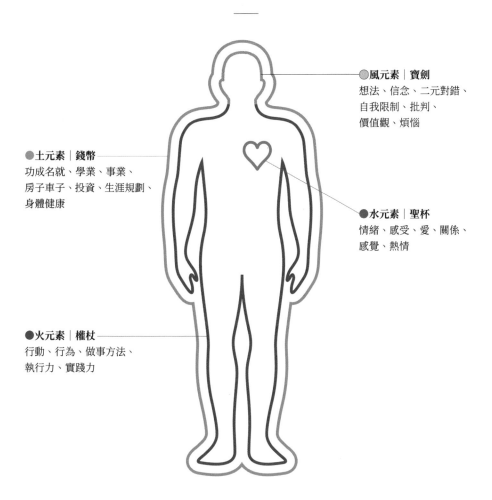

風元素｜寶劍
想法、信念、二元對錯、
自我限制、批判、
價值觀、煩惱

土元素｜錢幣
功成名就、學業、事業、
房子車子、投資、生涯規劃、
身體健康

水元素｜聖杯
情緒、感受、愛、關係、
感覺、熱情

火元素｜權杖
行動、行為、做事方法、
執行力、實踐力

現在，我們從心理狀態四大面向來區分人的整體能量，進行四元素的討論。

水

對應心理主題分類來看，通常最好分辨的是水元素。

第一個直覺，水可能會讓你想到「眼淚」。

接著，流眼淚或是哭代表什麼？這些反應從哪裡來？

水元素對應人體「心」的位置，從心的層面感受。有感動會哭。有難受也會哭。

聖杯代表水元素，包括了情感、關係（親情、愛情、友情）、人際互動、感受、感覺、情緒（喜怒哀樂）。情緒包括了所有的感覺。

風
———

寶劍，代表風元素，代表了想法，對應人體「頭」的位置。

和風元素有關的包括信念、判斷、覺察、理智、分析、煩惱、價值觀、是非對錯二元、批判。

火
———

權杖，火元素，對應人體的四肢、手腳，包括行動力。講到權杖就會想到行動力，以及伴隨熱情（水元素）的行動。火元素也代表改變，要做出不一樣的行動時，就帶來了改變，改變帶來了突破的力量。

如果想太多（風元素卡住）而沒有行動，就會容易裹足不前，行動太多就是做到過勞，行動太少就是停滯不前。因此，火元素有前進的力量，行動、移動、執行力、完成度，也就是所謂的落實，落實在行動上。表示這個人比較能「實踐、落地」，因為他不只是想、不只是有感覺，還實際去做。

權杖牌組代表火的元素，相關議題包括：行動力、執行力、實踐、落實、做與不做之間，裹足不前，或是勞累感與責任感很重而導致做太多。

土
———

錢幣。人說錢乃身外之物，風、火、水三個元素都可以從內在找到，但是錢幣不行。錢幣並非存於內在，而是代表了皮膚、肉身等外在物質層面。土元素包括身體，讓人直接聯想到健康、物質慾望，物質包括車子、房子、工作等，對小朋友來說則代表學業。學業、工作都和名有關，有好的名聲，就有好工作、好收入，接著能投資賺大錢，也會帶來安全感。所以可以增加安全感的都可以含括在錢幣內，統稱為功成名就。選工作、選學校，都是為了讓自己成長、提升，所以學業、金錢、投資都算在物質的牌組裡。

其實這四大元素是不可分的，在學習時，先把這四組牌卡用四個不同的主題區分出來。但回歸到人的問題時，寶劍這組牌是所有問題的根源，而所有的想法信念，包括煩惱也是從這裡來的。所以在物質或工作上有困擾，要先回到寶劍來討論。四大元素其實都是環環相扣的。

如果當事人詢問「無法懷孕的問題」，抽到的牌都是土元素，沒有水元素，表示都是錢幣牌，卻沒有聖杯牌，這顯示她的問題和困擾都是與物質或身體健康相關的。而少了聖杯牌，也代表在這個問題中，關係互動與愛的滋養並非問題的主因。

如果是詢問何時談戀愛，卻抽出一堆錢幣牌，沒有任何聖杯牌，表示他現在重視賺錢勝過談感情，目前重視工作而非感情。如果是詢問工作問題，卻抽到一堆聖杯牌，可分幾種狀況，一是辦公室戀情，再者是熱愛這個工作，或是工作上有很多情緒需要排解。我曾經碰過這樣的情況，當事人很熱愛這個工作，當然也因為和愛人在同一個辦公室，才會一直無法下班。這些相關的議題都可以一起觀察探討。

一組牌陣裡，出現的四元素比例，可以作為重要參考：
火多，要特別關注行動、工作量、能量、挑戰與壓力。
風多，要特別關注想法、信念、執著、自我矛盾與限制。
水多，要特別關注情緒、感受、需要與渴望、滋養與滿足。
土多，要特別關注物質、金錢、身體健康、實際面的考量。

四元素偏重某一個，太多或太少，都會造成不平衡，這也是解讀時的重要觀察。用整體觀看四元素的方式來做個案概念化的處理，藉由心理諮商的角度，就能從情緒、想法、行為三大面向來切入，剛好塔羅系統多了一個「物質面」可以補強，我覺得很完整。這樣一來，生活中的所有問題都能在56張牌裡獲得解答，藉由這個概念地圖，能完整地將所有層面容納進來！

在56張副牌當中，數字牌帶出了生活事件的隱喻面以及這些事件要我們調整或注意的事；宮廷牌則象徵了一個過程，留意角色呈現的心境與心理狀

態，其中的人物多半是自己，或者他詢問事件中的關係人，在這個主題裡面，事件的發展狀態呈現的樣貌是什麼。

宮廷牌的四元素

———

宮廷牌中的侍衛、騎士、皇后、國王這四個角色也會分為風、火、水、土這四個元素。

從最直覺且最容易記憶的方式進行角色聯想：這四個人都在皇宮裡做些什麼？

最具女性特質的是皇后，水就是陰性特質與柔軟。

最有衝勁的是火，具行動力，衝鋒陷陣、奮勇殺敵的感覺，以騎士為代表。

最機伶、擅長見機行事、保護主人的是風，以侍衛為代表。

最穩定的是土，也是錢幣，像守護土地的土地公一樣，穩穩當當。守護江山的土元素就是國王。

宮廷牌元素互相搭配

———

以水元素的聖杯牌組來舉例。

如果「水聖杯」碰上「風侍衛」就是水中之風，叫做「聖杯侍衛」。水元素代表情感的流動、感受的、變動的，所以水碰上風就叫「感覺感受的變動」。如果問感情抽到聖杯侍衛，表示這段感情剛開始，還在初始階段，其實還有些變動和變化的可能性。「聖杯騎士」就是「水中之火」，表示這段感情正打得火熱，很有行動力，或很想追求對方。「水中之水」，78張牌裡面最多水的就是「聖杯皇后」，杯子和一般聖杯不同，是豪華版的特大杯。最後是「水中之土」的「聖杯國王」，表示這段感情很穩定，沒有太多情緒波動，也可能是壓抑自己的情緒。

宮廷牌的詳細說明

———

宮廷牌是角色呈現的心境與心理狀態，其中的人物多半是自己，或者他詢

問事件中的關係人，在這個主題裡面，事件的發展狀態呈現的樣貌是什麼。

　　以人生發展階段來看，就是一個狀態從初始到成熟的過程。「侍衛是小孩，騎士是青少年，皇后是成人，國王是老人。」比喻為生命的發展階段，或是事件的發展階段，也可以是心理成熟度或是事件的成熟度。

　　抽到象徵小孩階段的侍衛牌（風，變動、機伶），代表這個事情才剛開始，是初始階段。抽到騎士牌（火，行動力、衝動），青少年血氣方剛！正在如火如荼地展開，擁有奔騰的行動力。抽到成人階段的皇后牌（水，情感豐沛），會有股穩定和成熟的愛與投入，但又不至於到老人階段。抽到國王牌（土，穩定、物質）就是不動如山。也可以說是比較穩定、固定，沒有太多彈性與改變，也可能是動彈不得或一成不變的情境。

權杖牌組（火元素）相關議題：行動力、執行力、實踐落實、做與不做之間，裹足不前，或是做太多。

Ace of Wands

權杖

A

你需要做一個與過去不同的決定來改變你的生活，突破與改變，轉化原有的慣性。如果你一向以某種方式選擇與行動，現在的你，想讓自己不一樣，而宇宙會支持你改變的行動。

(A) 新行動

　　這是一個新的開始，對於新行動來說，代表了突破與改變，做一個和之前不一樣的行動，權杖上的手拇指往上，好像在說：「做得好！」

　　對應數字1的創造力量。在權杖A的牌面中，權杖上長出很多綠色的嫩葉，有一些新的葉子，有些開花結果，有一些冒出芽來。這正代表了一個新的行動，有別於以往的不同之處。如果你問了一個問題，抽到這張牌，要去思考牌給你的建議，你現在做這個選擇、這個行動或決定有沒有什麼是和過去不一樣的。比如說你一直是個凡事都說好的濫好人，那現在這個狀態要怎麼處理？出現了這張牌，其實是在告訴你要有所突破。所謂的突破就是不一樣的改變，所以你可能在這件事情上要說不！突破自己原有的慣性。

1 你想做些什麼？有把握嗎？

2 你想替自己做些什麼改變？你想採取什麼不一樣的行動策略嗎？

3 把握這個改變的機會，猜猜看，改變之後的自己會是什麼樣的
狀態？

示範引導

當事人：朋友約我參與一個計畫，但是我不知道要不要答應。

引導者：你跟他合作過嗎？你想答應他嗎？

當事人：他之前的邀約我都會答應參與，其實是慣性地點頭說好，不過這
個計畫我猶豫了，並不太想答應他。

引導者：你抽到權杖 A，如果在這件事上面你做出和過去不一樣的行動，
那會是什麼？

當事人：哇！那我就會直接拒絕了。我好像懂了！其實我內心根本就不想
答應。

Two of Wands

權杖

2

對於自己的裹足不前，不必擔憂焦慮。因
為你正需要站在更高的位置來觀看全局，
掌握更多明確的資訊，並採取行動。

② 觀看/格局

　　牌面的場景是在城牆旁眺望遠方，主角站的位置看起來比較高一些，他右手拿一個地球儀，代表關於未來的願景與藍圖。對應2號女祭司，這張牌也有祭司的特質，類似宰相、軍師的角色，有謀略，需要有宏觀的計畫。

　　牌面中的兩根權杖擺放在不同的位置。他的左手握著一根權杖，而右手邊的權杖則拴在城牆上，拴住的權杖可以說是我們還沒有做出的行動，所以現在可以採取的行動只有一半，所以主角一手拿著地球，一手握著權杖。站在城牆上面觀望這個局面，表示他的視野並不是狹窄的，而且地球代表了宏觀的縮影，可以看到整個全世界的局勢和發展。所以他正在靜觀局勢，現在還沒有做出所有行動的決定。他是個冷靜沉著的軍師，必須要用冷靜的智慧，來綜觀一切。

1 拉高格局與視角後，你會怎麼看這件事？

2 還沒行動的原因是什麼？你在猶豫什麼？有什麼考量嗎？

3 哪些行動是你已經掌握的，哪些又是還在觀望中的？

示範引導

當事人：想問現在適不適合離職，想自己創業。

引導者：你有點裹足不前，還在觀望，還沒有到要創業的時機。

當事人：那我現在可以做些什麼呢？

引導者：鼓勵你要從更高的格局來觀看，宏觀地用更高的視野來看這件事。你評估過自己的各個層面嗎？不只是資金，還有觀察市場整體的需求，會得到更豐富的資訊，站在更高的位置來看會更不一樣。不只是抱著有興趣、很想創業的熱情，不必急著做決定，現在要冷靜地觀察，這樣做對你來說是最有利的。

諮商塔羅｜小阿爾克那 權杖 2

Three of Wands

權杖

3

你已經走了好長一段路,現在要做的是「休息」!別急著趕路,別只是不停地工作。暫時休息一下,讓自己的人生(生活)有個呼吸的空間、喘息的機會。

③ 休息片刻

　　當你做出選擇、決定之後,牌面上的主角就要出發了。權杖3的主角是一個外出的旅人,也有人說他是做生意的人,出門經商、跑業務。看看他站的位置,前面有海,在遙遠前方的小山丘有點高。他不是突如其來跳到這裡的,應該經過一段時間的跋涉,經歷了一些事件,從山腳下走上來的。後面有個涼亭,裡頭有張椅子讓他能稍作休息,正呼應3號皇后牌的輕鬆與舒服。所以他現在停在這裡,喘一口氣,休息片刻,中場休息一下。

　　「休息,是為了走更長遠的路」就是這個意思。不要只是一味不停趕路,不停往前走。休息一下,觀看來時路,觀察一下走過的路途;看著遠方的船隻,代表看著已經初步完成的計畫啟航,感到欣慰與滿足。同時也看看自己已經走了多遠、多久。就像爬山一樣,埋頭走在山路上,不覺得自己爬得多高,可是到某個地方,會突然嚇一跳,原來自己是從遠方那棟小房子出發的。這張牌就給人這種感覺。觀察一下自己走過哪些地方,帶著過去累積的經驗,休息充電之後繼續往前走。這張牌也有助外出和旅行的運勢。

引導提問

1 這位旅人會往哪裡走？往牌面中的哪個地方去？往前還是往後？

2 最近要進行什麼新計畫嗎？

3 忙碌之餘有個小空檔，想安排休息或旅行的計畫嗎？

示範引導

當事人：想知道最近的生活建議。

引導者：抽到這張牌，意味著你需要休息一下。工作忙碌太久沒休息了嗎？

當事人：是呀，已經好幾個月沒有好好休假了！嗚嗚！

引導者：可以來個小旅行，讓自己放個假，好好休息充電讓自己更有能量。

Four of Wands

權杖

4

④　界線／喜悅

清楚知道自己內心想要什麼，知道做什麼
會開心。而這些專屬於自己內在的喜悅與
歡慶，或許他人不懂，也沒關係。你只想
與自己、與懂得的人分享這個歡樂。

　　4號數字帶有「界線」的議題，村莊裡在慶祝農作的大豐收。村民們一起
把豐收的果實與葡萄掛在入口處，用四支權杖支撐的門象徵穩定，門裡是屬於
村民的村莊。因此，由權杖築起的「歡迎門」形成了一個內與外的界線。村莊
內的人開心慶祝豐收，村莊外的人不知道他們在做些什麼，在開心慶祝些什
麼。有時候我會笑稱這張牌是「暗爽牌」，就是做了一些事讓自己開心喜悅，
但別人可能不覺得這有什麼好開心的。例如你拼好一個模型或解出工數的考題
帶來很大的喜悅與成就感，別人可能根本無法理解。

　　這張牌代表了內與外的界線，界線的劃分可以是一個群體、社團，裡頭大
家有共同的語言，有彼此的默契，甚至一樣的「笑點」，是同個學校組織的人
才知道的獨特文化或經典笑話。自己內心明白的喜悅與滿足，有時候不見得要
得到外人的認同。

　　問你與某個人之間的關係時，這張牌代表兩個人關起門來暢快跳舞，可是
外面的人都不知道他們在做什麼。

引導提問

1　你是站在門內的那個人嗎？你在慶祝些什麼？你為了什麼而開心？

2　你在這件事情上，有界線的議題嗎？覺得誰是自己人、誰又是外面的人？

3　如何能在自己的小天地裡自得其樂？

示範引導

當事人：我想問我與某人的關係。

引導者：出現這張牌，你覺得你們是住在同一個星球上的人，是嗎？

當事人：對呀！我和她有很多時候不用說太多話，就覺得很了解彼此的想法。

引導者：有時候別人不太懂你們兩個到底在笑什麼，可是你們可能有自己的默契，就是你們都知道講到什麼會哄然大笑，因為這可能來自你們共同的生命經驗，身旁的人卻不明白你們兩個在做什麼。但你覺得我自己懂就好，別人不需要懂。

Five of Wands

權杖

5

你想做的事情與行動在心中產生衝突，你
與他人的行動與方向產生衝突，造成行動
上的阻礙，無法流動。現在的你，唯有整
合這些不一致，做出果決的行動。

⑤　整合衝突

　　權杖5牌面是個「打架」的場景，每根棍子都朝向不同的方向，五根權杖代表了不同的行動，這反映了兩個層面：第一種狀況，意味著你與他人之間的行動衝突，你們的方向不同，甚至互相矛盾，這也呼應了數字5的整合議題，是要讓我們看見並修正的課題。很多人直覺看到這張牌會覺得「不妙！可能會有很多衝突爭吵」，因為你和別人的方向是完全不一樣的。例如你想開一家「專賣店」，別人卻想開多元的「百貨店」，這就是方向不一致，彼此都會很混亂，在開店籌備期就很有可能產生爭吵與衝突。

　　第二種狀況是你自己的內在衝突，你有幾件想要做的事，但行動方向卻互相矛盾。例如你想好好準備考試，閉關認真讀書到考試前都不能去玩，但你卻成天坐在書桌前上網滑手機，邊想著等一下要去逛夜市、晚上要去哪裡吃大餐或瀏覽旅遊網站。你有很多行動上的矛盾，又想做這個、又想做那個，行動方向無法一致。這張牌最重要的是，看見衝突並整合這個衝突。

　　再舉個例子，問家庭旅遊的安排出現了這張牌，就一定得取捨。全家只有

一週的假期，不可能又去日本又去花蓮台東。開個家庭會議整合大家意見，花蓮或日本只能擇其一。如果未來還有一起出遊的機會，當然可以用優先次序來安排，但一定要有共識。當整合想法後，行動才能一致，就可以順利出發了！

引導提問

1　你想要做的事情像是多頭馬車，方向各自不同嗎？你內心在打架嗎？

2　列出來，行動的方向有哪些？好好梳理一下。

3　整合一下這些行動方向，如果有一個一致性的方向可以前進，那會是什麼？

示範引導

當事人：問和某個人的合作。跟這個人合夥可以嗎？

引導者：之前有和這個人合作的經驗嗎？這次你們討論過合作的方向嗎？看一下牌面，你有什麼感覺？

當事人：有稍微聊一下彼此想做的事，還沒有細談。這張牌的感覺好像很混亂⋯⋯

引導者：抽到這張牌，有兩點要注意。第一，一定要和這個人合作嗎？第二，如果現在一定要和他合作，請你們兩個人好好整合行動方向，化解兩人的衝突與不一致。

Six of Wands

權杖

6

你的行動與決定，都是勝券在握的。榮耀時刻即將到來，準備接受自己與他人的掌聲吧！

⑥ 勝利成功 🔥

　　權杖6代表勝利，出征順利。權杖掛上了葉桂冠，騎士也光榮地凱旋歸來，馬匹披上彩衣，群眾夾道歡迎，包括和他一起打拚的人，也都非常開心榮耀地回來。通常抽到這張牌的人都滿開心的，就是勝利、成功、贏了！問關於目標、工作事業的問題時，這張牌往往象徵了行動的成功，是非常幸運的牌。也帶有數字6的天使守護、像在天堂般美好的意味。

　　對應數字6的能量，在人際關係上有一種在乎和諧、美好與成功，抽牌者就像畫面中的主角，騎在馬背上，接受大家的讚美，帶有「你真的做得很棒！」或「你是贏家」的意味。因此，詢問人際關係衝突時抽到這張牌，很多人會覺得很難解讀，明明牌面上是這麼美好，怎麼會有衝突？抽到這張牌，可以這樣回應：「看起來你在關係裡都想當贏家！」這張牌叫做「占上風」，在關係裡你不允許自己輸，也不喜歡輸的感覺，自己一定要是勝利的一方，甚至還要壓制別人，完全戰勝整個局面。這是一體兩面的，想要占上風、贏得勝利，勢必有一方是「輸家」，當樣樣都要贏的時候，會形成另一種對他人的壓迫與傷害。

1 說說你過去的成功經驗，有什麼感受？什麼讓你成功？

2 對你來說，什麼是成功、什麼是輸了？輸了會如何？

3 在這件事情上，是不是有種不服輸、好勝、輸人不輸陣的感覺？

示範引導

當事人：我跟老公吵架冷戰，看他什麼時候要來低頭道歉！

引導者：你抽到這張牌，你覺得自己是坐在馬匹上的那個人嗎？

當事人：是呀！我就是，我覺得我是對的！我老公做錯事又不來道歉，我就繼續等！我才不會先去和他說話，先開口就輸了！

引導者：我覺得這張牌反倒有另一個提醒要你去思考。你覺得在夫妻關係中，什麼樣的狀態才是美好勝利成功的關係？真正的勝利者會帶著王者風範，會抽到權杖6，也象徵了你非常重視關係和諧，你覺得關係和諧與面子上的輸贏，哪個比較重要？

諮商塔羅 小阿爾克那・權杖—6

Seven of Wands
權杖
7

⑦　安頓自己

尚未踏穩腳步時，所做出的行動只會顯得慌張、焦急，自亂陣腳。這時候請深呼吸，先將自己安頓好最重要，重新整裝，踏穩腳步，讓每一步的前行都能安心！

　　權杖7是張很有趣的牌，看看牌面，主角皺著眉頭，慌慌張張，鞋子還穿錯了。左右腳鞋子不一樣，表示他匆匆出門，來不及穿對的鞋子，隨便抓了一隻鞋就穿。因此權杖7有自亂陣腳的意味。同時，他腳踩的土地泥濘不平，也象徵環境的不穩定。他插了六根棍子，代表已經做出了六個行動。但前面六根權杖東倒西歪，象徵他原先的行動都還不穩固，就又急著去做第七個行動，導致太慌亂。他都無法把自己照顧好，因而開始慌亂，不得其門而入、找不到著力點，不知道手上這根棍子要放在哪裡。

　　這帶出一個重要的課題是「先回到自己，安頓好自己」，先站穩腳步。第一步，可以先換上正確且適合的鞋！穿錯鞋與換鞋都是比喻，穿錯鞋象徵心不在焉、迷糊。他可能一直焦慮地想待會要怎麼辦，根本沒注意到腳上的鞋子，所以先回家換鞋，把自己調整好，把自己的心安頓好，同時站穩腳步，把前面六根棍子整理好。當你不知道該怎麼辦的時候，我會建議先不要急著採取下一個行動，也不必急著做決定。呼應數字7，面對選擇時先停下來，才能沉著穩定地做出決定。

130

1　前面已經完成的事項如何先穩定好？

2　如何回到自己、穩定自己的腳步、換好鞋子？

3　猜猜看，地整平了、鞋子穿對了、眉頭不再深鎖，便可以繼續行動，是因為發生了什麼？

示範引導

當事人：我想問和同事之間的衝突，我在考慮要不要主動道歉？不知道要怎麼處理才好。

引導者：抽到這張牌。你真的想道歉嗎？現在似乎不是道歉的時候。

當事人：我其實不太想道歉，而且之前試著想要和對方說話，但是他都不理會！

引導者：是的，權杖7就是有點不得其門而入，你在想要怎麼道歉對方才會接受，可是感覺對方不太想搭理你，也不太想接受你的道歉。這好像也不是道歉可以解決的事情，看起來你要先把棍子（想道歉的行動）放下，先照顧好自己。問自己為什麼會發生衝突？為什麼會覺得很不舒服？先搞定自己。

諮商塔羅／小阿爾克那‧權杖／7

Eight of Wands

權杖

8

想完成的事情循序漸進，也象徵忙到不見人影。在忙碌的生活中，常常忘記留時間給自己，忘記照顧自己的心情與健康。也或許沒多留時間給家人，請多關注自己與家人，別讓事情占滿了你的生活。

⑧　循序漸進

權杖8牌面中的八根棍子一根接一根排列整齊，呼應數字8的特質，不混亂，總能循序漸進，有效率並快速地逐一完成。方向與目標都清楚一致。從上排列下來，愈靠近地面就表示愈接近完成階段。也代表忙碌的狀態，象徵同時有八件事情在進行，許多工作項目同時展開，卻能忙中有序，事事安排妥當。

牌面中有一根權杖比較短，彷彿出現了一個空缺。這張牌和其他牌有個很大的不同，就是牌面中「沒有人」，因為牌面都被權杖占滿了，也可以說是事情太多，「忙得不見人影」。

因此，牌面中的空缺，就象徵太過忙碌而忽略了什麼。通常最容易被忽略的就是「人」，無論自己或家人朋友，包括自己的健康都是。這個空白處，可以說是忽略，也可以說一個喘息的空間，這個空白可以留給你自己，喘口氣，也可以留給家人，抽空回去陪陪家人朋友。

對於數字8來說，最好是一邊處理事情，一邊約朋友喝咖啡。可以多照顧到人際間的情誼，同時又可以照顧到自己正在忙碌的事。因為對於這個能量的

人來說，就是要雙贏，兩邊都可以很有效率地照顧好，很符合8的特質。

引導提問

1　你很忙碌，同時發展很多事，感覺也井然有序，但我好奇的是，好像有一個地方你比較忽略，像是有個洞。這個空洞讓你有什麼感覺？

2　你覺得什麼是你比較沒有注意到的，因為忙碌而忽略了什麼？

3　你如何做到忙中有序，按部就班完成想做的事情？

示範引導

當事人：我想要執行一個計畫，不知道是否會順利？

引導者：抽到權杖8，你應該不只這個計畫在進行，是嗎？

當事人：是的，這是其中一項計畫。我又加了其他計畫，好像閒不下來。

引導者：你應該會迅速完成這些計畫，而且有些計畫已經接近完成狀態了，對吧？我覺得一定沒問題的，這張牌提醒你的是，做事不難，只要記得多休息，把自己的身體照顧好！

Nine of Wands

權杖

9

事前已經做了很多準備，接下來的這個行動還在持續觀察中。運用心靈力量，沉得住氣，等待最好的時機採取行動（不會在做事之前就大張旗鼓），跨越困難。

⑨　沉得住氣

在權杖8的八根棍子一一落地後，就到了權杖9。木棍一根根擺正，依序立起，為此做了很多努力、準備與行動。現在主角握著第九根權杖，對應9號隱者，小心翼翼、低調行事、謹慎觀察，同時蓄積能量、做好自我保護，運用心靈的力量，沉著跨越困難。

牌面象徵一個受傷的士兵，面對敵軍的攻擊，他要謹慎小心地保護好自己。那九根權杖像是把自己包圍起來的竹籬笆，低調穩定地採取下一步。回到人生，我們往往會受到過往經驗的影響，曾經的創傷或恐懼，讓我們變得謹慎低調或小心翼翼，而這些生命經驗都是我們前進成長的養分，在諮詢引導過程中，可以帶抽牌者談談這些經驗帶來的正向力量。

下一步該怎麼做，他可能在等待最好的時機，所以這張牌反映出9號在行動時，不會大張旗鼓，他的表情小心謹慎，並不是毫無準備。他並非沒有行動，捲起來的袖子表示他已經忙過一輪。他面對已經經營到某個程度的行動，會小心保護，謹慎而不魯莽。

1　曾經有類似受挫或受傷的經驗嗎？

2　如果將這些受挫經驗視為養分，會帶給你什麼樣的學習與正向力量？

3　如何讓自己能沉著面對？運用心靈的力量保護好自己，穩定自己。

示範引導

當事人：我要參加一個比賽，想知道這個比賽的致勝關鍵是什麼。

引導者：你抽到權杖9，這是要謹慎出招的牌，不到最後一刻、絕不輕言放棄。端看你的心靈穩定力量有多強大。

當事人：所以只要我內在愈穩定，愈有機會贏，是嗎？

引導者：是的，別人可能會出怪招想要贏得比賽，你則是要更多的觀察和觀望，做好準備。可以觀想最後贏得比賽的畫面，觀察找出最好的時機，再把最後這一根權杖放上去。這張牌的智慧要讓你學習：自己可以沉得住氣的。

Ten of Wands

權杖

10

所有的事都得自己完成，承擔所有的責任和壓力，事情都往自己身上攬，要學習輕鬆走到終點！把不該屬於自己的責任丟回到他人身上，讓每個人為自己負起責任。

⑩　埋頭苦幹

　　權杖10牌面上的人感覺疲憊嗎？前方的房子是他的目標。抽到這張牌的人，往往責任感很重，許多事情都是事必躬親，一定要親力親為，但就是因為太負責任了，所有的事情都往自己身上攬，就容易導致太辛苦、太勞累，有種埋頭苦幹的意味（把頭整個埋進權杖堆中）！

　　無論是問人際關係或工作狀態，或其他問題，抽到這張牌表示他對詢問的這件事情付出很多，並承擔了絕大部分的責任。可以花一些時間與抽牌者討論他的心情，可以問他：累不累？雖然責任感很重，卻有可以肯定與同理的部分。如果他真的覺得累，可以反問：會不會其實有幾根棍子不該是你的責任，卻被你攬下來了，你會覺得這些都是你的事情。想幫別人承擔，把別人該做該學的全都做完了。

　　數字10本身就是一個階段的結束，所以他會想要完成某些責任與任務，最後也確實會完成。抽到這張牌的人，會用自己的方法走到終點。但如何讓自己用喜歡的方式走到達標，這是可以好好思考並學習的。

這樣的人要注意自己的情緒，做得太多可能會開始抱怨「怎麼都是我在做」，旁人也會覺得「你都自己做了，我們做什麼呢？」要信任別人，也要充分授權。他也要允許別人有機會去學習擔負自己該有的責任。

引導提問

1. 你的目標是什麼？要把這些權杖帶到哪裡去？

2. 一步一步走向目的地，最終會抵達終點，你想用什麼樣的心情走這段路？

3. 如果並非所有的事情都只能由你來完成，你會把哪些部分授權給他人幫忙？想像這條路上還有其他夥伴可以一起走向目的地，你覺得會是誰？他們可以幫上什麼忙？

示範引導

當事人：問親子關係，想知道怎麼和孩子相處。

引導者：抽到這張牌，你應該替孩子做了很多，是不是大部分的事情都被你做完了？

當事人：小孩都不做呀！不能自己承擔責任，只好我來做！

引導者：你知道嗎？媽媽太有功能，小孩就會失去功能。你說自己的孩子什麼都不會，沒有競爭力，其實是你幫他做太多了。什麼事情你都要一把抓，太照顧小孩，太有責任感，可是也失去了孩子在成長學習的過程中，自然而然的經歷。他會從跌倒中學會嘗試、錯誤，這是一個必經的探索過程，或許你太害怕小孩受傷，將他保護得太好。但我們不可能幫他扛著一切走到終點。說說看你自己的生活，你有什麼想做的事嗎？要扛就要扛自己的事，小孩的留給他自己去扛吧！

Page of Wands

權杖

侍衛

把焦點專注在自己所投入的行動上，專注的看著這個行動的變化與發展。

權杖侍衛　🔥　靜觀其變

權杖侍衛：火中之風，兩個元素的組成，形成了行動上的變動。

權杖是火元素，象徵行動；侍衛是風元素，代表變動、赤子之心、好奇心、探索、機伶。所以這個行動處於探索與好奇的階段，還會有些變化。

牌面中的侍衛看著權杖頂端長出的嫩葉，他專注而好奇的目光，像孩子一般。這個行動事件的發展階段，如果以生命歷程來看，侍衛的象徵是「孩童」階段，才剛開始。行動正在開始，一切也還在變化，他專注地看著自己做的這件事，看著行動會有什麼發展。我定義為靜觀其變。當這個行動慢慢成熟，到青少年階段，就會變成火中之火。

1　你在觀看什麼？對於你想要做的事情有什麼感覺？

2　目前是這件事情剛開始的階段嗎？心情如何？

3　起始階段是冒險的開始，你想要探索什麼？又期待能獲得什麼？

示範引導

當事人：我想知道關於今天在工作上或生活上的提醒與建議。

引導者：你對於工作還保持熱情嗎？懷抱著好奇心投入你想要做的事。

當事人：是提醒我要熱情與專注嗎？

引導者：是的，專注且帶著好奇，保持熱情的心，把事情完成。

諮商塔羅—小阿爾克那・權杖—侍衛

Knight of Wands

權杖

騎士

很有行動力、爆發力、執行力，拉住韁繩準備下一秒的奔騰，同時也不是魯莽的亂衝，清楚知道何時該懸崖勒馬。

權杖騎士　🔥　熱血奔騰

權杖騎士：火中之火，由兩個元素組成，形成了行動上的積極衝勁展現。

權杖是火元素象徵行動，騎士又是火元素，兩道火的能量加乘，是78張牌中最有行動力的一張牌。

具行動力、衝勁十足，精力充沛、熱情如火、熱血奔騰。包括持續進行多項行動，快速行動也快速完成，再進行下一個行動。

行動力是充滿能量，但牌面上的馬止住的姿勢，像是跑到一半被拉住的暫停姿勢，雖然很有衝勁，但騎士勒馬，象徵「適可而止」的提醒。滿懷衝勁，但也要知道適可而止，何時該喊停。這不是魯莽、血氣方剛的橫衝直撞，雖然有行動力、爆發力、也有衝勁，但發生任何狀況，他都可以即時懸崖勒馬。其實這個暫停的畫面可以讓這張牌感覺比較平衡，有時候這張火中之火牌，的確會怕火勢蔓延太快，失去控制，所以在很有衝勁的過程當中，這張牌也提供了覺知和關照，知道什麼時候是應該暫停的。

關於投資，抽到這張牌，可以討論一下停損點或停利點，而不是永無止境

地丟錢進去。問股票，或許這支股票有爆發力，但可能是偏短期，而不是放長線，衝到一半見好就收。因為火元素是迅速、有行動力，帶爆發力的。如果要放長期的穩定投資，就要出現錢幣，錢幣表示較為穩定。

引導提問

1. 你要騎馬往哪裡衝？
2. 目前你生活中的熱情和行動都在哪些事情上？
3. 你知道何時該適可而止嗎？

示範引導

當事人：想問關於接下來這一年的指引？

引導者：你接下來會是很有能量、衝勁十足的狀態。騎著馬，走過很多地方，完成很多事情！你有什麼計畫嗎？

當事人：有的！就是有很多事情想去做。

引導者：哇！你可以跟我分享你的計畫嗎？有哪些事情想做？……這是能量充沛又非常有行動力的一年！祝福你！

Queen of Wands

權杖

皇后

面對未來即將發生的事情與行動，懷抱希望，運用自己的內在力量而達到成功。有遠見地等待適合的時機出現。

權杖皇后 🔥 希望等待

權杖皇后：火中之水，由兩個元素組成，形成了行動上的溫柔、溫暖、希望展現。

權杖是火元素，象徵行動，皇后是水元素，表示光明的女性能量。在行動加上水的元素，水元素象徵希望，看向遠方，還抱著一種樂觀、正向，有希望的行為展現。

皇后牌掌管了水元素，通常是宮廷牌組四位人物中感受力比較強的角色。權杖皇后的牌面上，象徵帶著希望的行動力是向日葵。她拿著向日葵，看向遠方，表示行動過後，帶著希望等待，等待開花結果。她是懷抱希望的皇后，對於自己所做的事情有個正向的力量，並用正向的力量與希望去灌注她正在做的行動。前方還有一隻黑貓，代表陪伴者與守護者。

1　向日葵給你什麼感覺？又象徵了什麼？

2　坐在這裡的這個人是你嗎？還是你生活中的哪個女性角色？

3　針對你問的這件事，如果帶著更多的樂觀與希望，事情會有什麼不同？看向遠方的未來，你看到些什麼？

當事人：投了一個工作履歷，想要面試機會，不知道結果會如何？

引導者：你對自己有信心嗎？你覺得希望有多大？

當事人：我覺得一半一半吧，不知道自己的專業能力是否符合這家公司的需求。

引導者：你抽到權杖皇后，象徵這件事情會依照你的希望方向前進，你愈有信心，這件事愈容易成功；如果你愈覺得沒希望，那該公司就不可能通知你面試了。

諮商塔羅──小阿爾克那・權杖・皇后

King of Wands

權杖

國王

準備要起身，但是目前行動是靜止停滯的。你已準備好了，請當下拿出執行力，將行動付諸實行。

權杖國王　🔥　起身執行

權杖國王：火中之土，由兩個元素組成，形成了行動上的穩定、成熟或靜止不動。

權杖是火元素象徵行動；國王是土元素，落實、穩定、圓滿、成熟的男性能量。

國王牌掌管了土元素，是最穩定的力量，謀定而後動，是一個領導者、上司或父親的角色。

在行動姿態上，權杖國王是火中之土，所以行動是穩定的，土元素是「不變動」的能量。行動如果不動就代表「沒有真的行動」，國王把袍子拉開，將權杖往下放這個姿勢，表示他想要站起來嗎？拉開袍子，將權杖往下放，通常下一個動作就是「站起來」！但是國王並沒有真的站起來（通常國王都是一直坐著不動），所以他在「做假動作」。國王看起來要起身，但沒有真的起身，有種「虛張聲勢」的意味。

1 你想做什麼？想執行什麼？你真的想站起來嗎？

2 有什麼是讓你想要做，卻無法起身執行？當中有什麼考量嗎？

3 謀定而後動，你思考好了嗎？內在做好決定了，何時可以行動？

當事人：我想要離婚，來問婚姻的問題，我該不該離開他？

引導者：抽到這張牌，你真的要起身走人嗎？這是真的嗎？還是你只是說說而已？

當事人：我在家裡常常被揍，過後會和老公說：「你再這樣繼續下去我就要跟你離婚。」他就會收手，但是過了一陣子，他還是依舊故我，我不想再相信他了。

引導者：感覺你做好準備了，你的袍子已經打開了，權杖已經放下去了，可是好像就少了「站起來」這個動作！這張是權杖牌，以行動為主，「有做才算數」！採取行動吧！別變成「放羊的小孩」！

代表風的元素，所掌管的部分是頭腦，議題包括：信念、想法、價值觀、理智分析、思考判斷。而這一組牌也是所有問題的源頭，是「人會有困擾」的核心信念。

從心理學的角度來理解，一個人會有情緒與行動的困境，都是源自「他怎麼想」。往正向的方向思考，情緒才會舒服，並帶起有力量的行動，反之亦然。

身懷困擾抽到寶劍組牌，往往就是：想得太多、太負面、自我恐嚇、內心小劇場演不停……

Ace of Swords

寶劍

A

有很棒的創意、新的想法、新的觀點與覺察，這樣想很好。我很喜歡自己這麼看待。

Ⓐ　新想法

　　副牌中的四張A牌面都出現類似的畫面，從雲裡面冒出神之手，就是創造的手，因為1就是從無到有的創造力量。寶劍A象徵新想法、新點子、新觀點。新想法看起來很不錯，劍上有皇冠，代表得到讚許，並有一定的地位。（這不是高塔，所以皇冠不是建立在痛苦的灰黑高塔上。）皇冠立在新想法上，所以這張牌的意思是：我有一個新想法或新點子，我覺得這個點子很棒！會帶著一種讚許，我很喜歡這個新觀點，會對這個人有種新的理解。我在生活中有些新的覺察、發現、領悟，並且我很喜歡這樣的想法。

你有一個新想法，並抽到這張牌，就像是一種肯定，你會覺得哪來的好主意。可能是突發奇想，或新靈感，或是從來沒想過的新觀點。

引導提問

1. 有什麼好點子冒出來了？
2. 你喜歡自己怎麼看待這件事？
3. 如果用一種新的思考方式來想這件事，你會怎麼想？

示範引導

當事人：有一件事情讓我很痛苦，我想要尋求指引。事情是這樣的⋯⋯

引導者：你覺得怎麼去想這件事會比較好？要怎麼思考這件事情？用新的理解來看待這件事。能夠這麼想的時候，你會覺得自己很棒，似乎這種想法也是一種新突破。

當事人：我覺得這件事是要給人生一個新的開始，如果沒那麼痛苦，我就不會去逼自己走出舒適區。我還滿喜歡自己可以這樣理解的，說出來之後覺得比較放鬆，可以重新看待這個讓我痛苦的人。當我能這麼想的時候，感覺很不錯。

引導者：對事情有新的理解，感覺讓自己放鬆舒服許多，不只頭腦鬆了，心也鬆了，身體也鬆了，同時也放過自己了！（深呼吸）真好！

147

Two of Swords

寶劍

2

去除外界干擾、回到內在，靜心冥想，在內在找到最真實的答案，內心的答案最能提供解答。

② 回歸內在

　　牌面整體的畫面是明月當空，練劍人在寧靜的海岸邊坐著靜思冥想。他想要冷靜思考好做出選擇。對應到數字2，象徵選擇，究竟該怎麼看待這件事，必須要找出一個答案。選擇想法的過程，需要透過釐清，這個畫面很平靜，同時也讓我們去思考，什麼是真正的平靜。整體平靜的畫面表示了寧靜的感受。寧靜的海邊無波無浪，代表寧靜的心沒有受到動搖。

　　閉起眼睛，是讓自己回到寧靜的第一步，試著冥想練習。我們在生活中容易被影響，想法會被人事物牽動，導致無法平靜，無法清晰看見內心真正的答案。所以這張牌中，練劍人在海邊闔上雙眼不去看外面發生的事，不受到外界的影響。2號對應女祭司，就像女祭司的內在清晰穩定，知道一切都源自內心，只要先搞定自己心裡的一切，就能夠搞定外在的一切。釐清自己內在的想法，往內心尋求答案，而並非受外界影響所選出來的答案。

1 你正在思考什麼？

2 如果不受到外界的影響，單純回歸內心的真實決定，你會怎麼做？

3 你的狀態放鬆嗎？心中覺得平靜或寧靜嗎？

示範引導

當事人：我到底要選 A 還是 B，每一個選擇都有利弊得失。

引導者：試想一下，如果沒有其他人事物要考慮，只考慮你自己的內心，
　　　　或者現在全世界只剩下你，那你會怎麼選擇。

當事人：這還用想嘛！當然是選 A ！（可是……）

引導者：這就對了！這就是為什麼你抽到這張牌。你其實很想知道外面是
　　　　怎麼想的。可能你需要的不只是閉眼，還要把整個眼睛蒙起來，
　　　　因為我知道你可能隨時會打開眼睛偷看外面的狀況。

Three of Swords

寶劍

3

理性頭腦的分析控制了感受，無法順隨心所嚮往。釋放他人價值觀給自己的期待與控制。

③ 放下頭腦

　　這張牌直覺給人的感覺就是痛，心痛！寶劍3要讓我們學習的功課是：不要在意別人的眼光，不用符合別人期待中的樣貌！寶劍代表了想法、價值觀、思考、頭腦。心代表感受、感動、熱情，而寶劍架在心上，會讓你感覺如何？問問自己的感受，通常抽到這張牌的心理狀態都會不太舒服。這些傷心的感受，是因為想法與價值觀壓住你的內心與感受。

　　這張牌的功課，就是要去覺察，當想法凌駕、控制你的心，就像拿著銳利的刀刃架住自己，而且還是三把，你會覺得傷心、恐懼，心裡有烏雲在下雨。想法想要控制感覺，就是你的頭腦想要主導你的心，但心的感覺卻非常直接。對應數字3的功課「舒服是很重要的」，而這張牌卻讓人這麼不舒服。像是拿他人的眼光、價值觀，插在自己身上，其實這都是自己插上去的！這時，不禁認真思考，許多外在的價值觀，其實可以不必理會，也不必當成依循的標準。回到這張牌，讓我們去覺察自己，你把外界的眼光和評價套在自己身上，內化了這些標準，來自我要求，讓自己不舒服。

1　是什麼架住你的心？你想要移除這些劍嗎？怎麼移除？移除後要如何照顧這顆心？

2　在這件事情上，你的想法是什麼？你的感受又是什麼？

3　有哪些想法讓你覺得不舒服，卻又在無意間認同了這些想法？非這樣想不可嗎？為什麼一定要這麼做才可以？如果不這麼做，又會怎麼樣？

示範引導

當事人：我想去做一件事，但又覺得自己不可以！想要尋求一些指引……

引導者：寶劍3的療癒之道，就是進入鬆綁的過程，給自己新高度來看這件事，是否有其他的可能性。

當事人：原來過去我一直在用這樣的想法對待自己，讓自己的腦袋和心對峙。

引導者：是的，我們一起來想想，怎麼做會讓你感覺比較舒服。讓你的想法與心得以合一，是種相當舒服的感受。

Four of Swords

寶劍

4

對心中的想法、價值觀或信念不退讓、不動搖，捍衛自己的信念。可以說出自己的想法，將保留起來不說的想法分享出來。

④　擇善固執

　　寶劍4的牌面上有一個人在躺著休息，而彩繪玻璃的場景代表教堂。可以分成兩個方向思考。第一，他只是暫時休息，並非在家中的床鋪上睡一整晚，因此這張牌象徵暫時休息片刻，沉靜自己；第二，停放在教堂中的通常都是聖者的棺木，裡頭是受封爵位的皇室成員，在教堂的棺木上方會有一個相對應的人形雕塑，放在教堂裡面作為展示或紀念。

　　對應數字4，通常會出現的關鍵字是固執、不變，所以當固執、不變動、框架或界線，套在寶劍、想法上，這張牌就叫做固執，想法很固執，同時4號國王牌也有一種保護家庭成員的意味。我稱為擇善固執，也象徵「固執到死都不變的程度」。三把劍在上方，一把在床的側面，代表「就算到死，也要帶著的想法價值觀」。上方的三把寶劍代表「這是我願意開放的想法」，有四分之三的想法是可以討論的，是有溝通、協調、調整的可能性的，也是願意說出口的。而下方的一把寶劍則是與主人同在，意思是「無論如何，我都要捍衛這個想法，這個價值觀多麼重要，我死都不放手。」

如果是問建議牌，抽到這張牌的人往往沒有辦法堅持，所以這張牌的牌面反而可以鼓勵他應該要有所堅持，別人踩了底線、破壞疆界，就要勇敢捍衛、堅守立場！

引導提問

1. 你真正想要保護和捍衛的是什麼？
2. 你對這件事的底線、想法與價值觀是什麼？
3. 哪些事你有所保留，沒說出來？你在哪些事情上比較有彈性？

示範引導

當事人：想去談一件事情，想知道談這件事情的狀況如何？

引導者：抽到寶劍4，看來你有四分之三是可以彈性討論、可以溝通的。另外四分之一是你的底線，是你怎麼樣都會堅持的，讓你捍衛到底、不退讓也不動搖的。所以你想要堅持的是什麼？可以調整的又是什麼？

當事人：其實有很多事我都不想說出來，想先看對方的態度怎麼樣，感覺說了也沒用，對方應該要懂我就是這樣的。

引導者：比較鼓勵你向對方表達更多想法並溝通，至少要把最重要的原則講出來。抽到這張牌，也反映出你還是有所保留與隱藏，他也只講出某一個部分而已，因為你沒講出來，對方真的不會知道！

153

Five of Swords

寶劍

5

任何的取捨決定都只是觀點（焦點）問題，選擇自己最想要「贏得」的，放大此選擇的優勢，整合自己的選擇，欣喜接納。

⑤　　有捨有得

寶劍5的場景是海邊決鬥，身著綠衣的人感覺很得意，贏得勝利，拿到寶劍，而靠海邊的兩個人輸了，棄械投降，放下寶劍，有個人還拿起外套準備離開。這張牌在談的是「取捨」，有捨有得。在海邊以劍來決勝負，贏的人可以獲得寶劍，輸的人要把劍讓出來。身著綠衣的人，從五把寶劍中選擇了其中的三把寶劍代表三個想法，另外兩個想法比較不適用，那兩把寶劍就捨棄不拿。做任何決定的時候，有捨有得，不可能全部都要。拿了想要的，你也會很清楚有些得要捨棄與放下。這張牌也隱含傷害的意思，戰爭總會導致一些傷害，例如直接的身體受傷，或友誼受損。因此，可以進一步思考，在這樣的爭鬥中究竟有什麼在所不惜一定要拿下的？清楚知道自己要什麼，也必須承擔相對的失去，這就是有捨有得。釐清心中的取捨，才不會容易後悔，更可以放大選擇的優勢，做出最重要的優先選擇。

這張牌還有一個衍生的牌義，在選擇的過程中，還不知道自己真正要什麼的時候，其實也是鼓勵他去多詢問不同的人，撿別人的劍象徵著「參考別人的

想法，整合成為自己的」，這種決定過程可以更確定自己想要的是什麼。吸取他人的智慧和經驗並討論，可以取認同的部分與自己的想法整合。

引導提問

1. 想要贏得什麼？你想得到什麼？
2. 可以放下或捨棄的是什麼？
3. 有可以詢問相關經驗的對象嗎？或許能提供你不同的思維！

示範引導

當事人：我想找工作，有幾個選擇在考慮。其中一個薪水很好，但是工作量很大，不輕鬆。

引導者：這是挑戰價值觀的一張牌，如果想要薪水高，你也得做出取捨，要有相對的付出與放棄！

當事人：另一個工作不用加班，可是薪水沒有那麼高……

引導者：你願意放下什麼？你想要把「高薪」放下，還是要把「不加班、輕鬆、離家近」放下？

Six of Swords

寶劍

6

尊重他人不同的選擇，不要在行動前就先
以理性說服他人，甚至自己，要先過自己
這一關，打從心裡支持、肯定自己。與他
人的互動，也要有同舟共濟的感受（一起
渡河）。

⑥ 給出尊重

　　寶劍6牌面上是船隻在渡河的景象。有六把劍插在船上，船上有船伕、婦
人與小孩。對應數字6是愛的療癒、付出與協助。船伕象徵協助者，幫助婦人
與小孩離開此岸前往彼岸，象徵離開某個傷心地，默默療傷，以及在渡河後，
期許有一番新景象。運送寶劍渡河，象徵船伕透過六把代表善意想法的寶劍，
來幫忙母子度過難關、脫離困境、協助療癒。而寶劍6的渡河比喻，對應到事
件上則稱為「說服」。因此，這張牌和「說服他人、說服自己」有關，或者會形
容這是「洗腦、催眠」。

　　船伕載著這對母子，想要說服他們，但母子的姿勢很有意思，不僅背對這
個船夫，看起來也不太想接受說服；同時，河面上的波浪，一邊平靜如鏡，
一邊波濤起伏，象徵兩造的觀點有差異，船夫代表非常熱心的6號人：「我告
訴你這樣做最好，聽我的準沒錯！」邊划槳翻起波浪，然而這對母子卻不為所
動，默默坐在船上聽他說教，面對左邊平靜無波的湖面。

　　這張牌讓我們思考，溝通是建立在「尊重」原則的「接受」，而非「說服」。

給我們的學習是：休想說服任何人，並不會有人因此被你說服，真正的療癒與幫忙是給予尊重，尊重彼此有不同的想法與價值觀，尊重自己與尊重他人。

引導提問

1. 你認為在這件事情上，有誰想要說服你什麼嗎？你覺得自己受尊重嗎？
2. 你認為在這件事情上，你想要說服別人什麼？你尊重他人嗎？
3. 這件事情裡面，你要說服自己什麼？為何要說服自己？

示範引導

當事人：我是否要繼續這份工作？

引導者：這麼問的時候，就代表其實你想離開，感覺你是在說服自己留下來，是嗎？有誰說服你一定要留下嗎？

當事人：我覺得，內心好像過不了這一關，因為我答應同事要同進退，但是我現在卻想離開。

引導者：你好像很想說服自己可以留下來，很想找個理由給自己，讓留下來的決定變得合理，是嗎？你可能不那麼喜歡、滿意這個決定，但是你已經做出決定，所以很努力地想要說服自己，其實這樣也不錯，任何事情都有最好的安排，會這樣發生一定是最好的。話說回來，換個想法來思考，如果是「尊重自己」的選擇，你的決定會不同嗎？

Seven of Swords

寶劍

7

想法周全，瞻前顧後，步步為營，害怕有什麼細節沒有考量進來。希望考慮到所有的可能，卻未能設想到自己的心力或許是不堪負荷的。

(7) 放下顧慮

　　寶劍7牌面上有名躡手躡腳的士兵，從營帳中鬼鬼祟祟地把劍偷走，他一邊帶著五把劍往前走，一邊回頭看，瞻前顧後，看後方有沒有人追來。他關注的焦點是，還有兩把劍放在地上沒來得及拿，他在想，「沒拿完的劍，等一下回來拿。」

　　「拿了許多劍，還要繼續拿。」象徵這位士兵步步為營，渴望面面俱到，一切都要準備好，意味著抽牌者希望能考慮到所有想法，毫無遺漏，想要把所有的可能性都考慮周詳，希望能夠照顧到每個人和每個狀態。然而，在思慮的過程中，他沒有注意到自己已經不堪負荷，因為他手中的刀鋒銳利，所以某種程度也可以說，他「想要周全的想法」已經形成了傷害，對自己造成了痛苦與威脅。

　　回到數字7，要看清楚「真相」是什麼，並且學習「信任」。這張牌的真相是繼續把剩下的劍帶走，還是先保護自己的手避免受傷？但就算再拿兩把劍，可能會發現還有一堆劍沒拿，容易邊拿邊掉，容易割到手，走路也得躡手躡腳，心也不安。你的身體要往前進，但注意力卻還在左顧右盼。最佳策略

是，事實上你考慮不完的，看看現在可以負擔的，在能力範圍內可以設想到什麼層面，先想到這裡就好。再次回到7的信任，讓自己可以舒服自然地「正著走」，繼續向前。

引導提問

1　你考慮事情的層面有哪些？是否會擔心還有哪些未考慮到的部分？

2　是否真的需要考量到每一個細節？如果沒有考慮周到會如何？會發生什麼嗎？

3　這件事情的真相是什麼？最需要真實面對的重點是什麼呢？

示範引導

當事人：我覺得很煩，每年的年夜飯都要我張羅，我是苦命的媳婦……

引導者：抽到寶劍7，你考慮的層面很多吧，準備年夜飯讓你最煩的事情是什麼？

當事人：每個人喜歡吃的東西都不一樣、口味也不一樣，有的要吃這個，有的不吃那個……我快被煩死了！每年都用心準備，卻還是被挑剔！

引導者：其實考慮不完的，對吧，要準備這麼多東西，還要顧慮到每個人的喜好，要事事周全、面面俱到，但最後累死自己，可能也還是無法讓大家滿意！我想，這就是寶劍7要給你的提醒。既然這樣，今年就先照你愛的菜色去張羅吧！先把焦點帶回來自己身上，別讓自己累死比較重要！

159

Eight of Swords

寶劍

8

有限制性的信念，認為自己做不到，想法讓自己綁手綁腳，因有盲點而看不清真實。其實天無絕人之路，看清真相，這只是想法困住自己，必有出路可尋。

⑧　　跨越限制

寶劍8的牌面場景象徵了劃地自限，用信念和價值觀框住自己，會有種被綑綁的感覺，而纏繞在身上的繩子，就是造成限制的信念所帶來的自我約束，把自己層層束縛。如果是你站在這裡，會有什麼感覺？腳下的地面滿是泥濘，劍一一插在身旁，有陷入僵局、旁人想要援救卻難以靠近的感覺。

這張牌協助我們檢查「自我限制」，看看有哪些想法與信念限制住了自己。比如說被「自己不行、沒有能力、做不到、不可能」的想法綑綁，徹底忘了可以使用數字8的無限力量。

傳統的萊德偉特寶劍8牌面中，眼睛是被蒙住的，造成限制的想法與信念蒙蔽了雙眼，看不見真實。在左西塔羅的畫面中，我給予這張牌更多數字8號的力量，當自己願意相信，願意看見希望時，眼睛就是雪亮的！當他看清楚真實的狀況，會發現其實那些劍根本困不住他！而且，腳也沒有被綁著，還可以走動，所以他可以繼續往前走。穿越這些限制，他可以看清楚更多真相，就會發現其實都是自己給自己的限制，根本沒有人阻擋在前方的路上，限制自己的

都只是自己的想法而已。

引導提問

1　面對這件事，你覺得有哪些限制？這些限制是真的嗎？還是只是你的想法？

2　是什麼讓你覺得自己做不到、不行？讓你覺得這件事情不可能？

3　如果你認為的限制不再是限制，那是因為發生了什麼？怎麼做才可以讓自己自由走動，從限制中走出來？進而看見可以怎麼善用環境中的資源。

示範引導

當事人：想要進行一項計畫，不知道是否會成功？有點擔心自己做不到。

引導者：抽到這張寶劍8，恭喜你，成功的關鍵在於你能否跨越那些自我限制。你覺得自己有哪些限制呢？

當事人：覺得自己限制很多，但愈擔心愈沒有信心，是否就愈不容易成功？

引導者：最重要的是，看見那些自我限制，搞清楚都是自己在阻擋自己的路，沒有人擋住你。

Nine of Swords

寶劍

9

很多煩惱的事情掛在心上，思緒很多，讓自己焦慮不安，無法心安，更無法安心入眠。要學會信任，樂天安在。

⑨　樂天安在

如果無法越過寶劍8自我設限的困境，就會進入寶劍9，這是經典的「半夜三點鐘牌」，睡到一半做噩夢被嚇醒的場景。坐在床上，半夜噩夢驚醒，驚魂未定地掩著面。這張牌也和健康有關，憂慮太多而無法好好睡覺，煩惱太多，容易腦神經衰弱。不過牌面只是象徵，不一定會真的失眠。牌面要講的是，這個人思考太多，煩惱很多，一直想一直想，心上太多憂慮，讓自己不輕鬆。抽到這張牌，表示把很多事情放在心裡，像是牽掛、懊悔、遺憾等。可能思緒較多，停不太下來。

特別是在睡前想這些，甚至是邊想邊煩惱，想法比較負面，就會開始做夢，也容易夢到一些混亂的畫面。因此，腦袋中的想法、思緒是比較不清明的。可能會有太多雜念，每件事都要煩惱，即便是不該煩惱的事。許多人都喜歡替別人煩惱，或是替社會煩惱，杞人憂天。

拜倫・凱蒂（Byron Katie）在《一念之轉：四句話改變你的人生》中提到，世界上的事只會分成三種事：「你的事、他的事、老天爺的事」。如果這件

事情是你的事，你再去煩惱。把老天爺的事還給老天爺，把別人的事還給別人，你只要關注自己的事就好。許多人的煩惱都來自於喜歡替別人煩惱，包括小孩的事、家裡的事、長輩的事、家族的事等。當你仔細分辨，這些很少是自己的事！

對應數字9，隱者的個性比較消極一些，然而隱者的「抽離」在此刻也是可運用的資源，協助自己面對煩惱時可以稍微抽離，樂天安在，活在當下，才能睡得好，健康沒煩惱。

引導提問

1　心中掛念著哪些事？是不是在擔憂些什麼？

2　最近是不是常常對很多事感到憂慮，會影響到睡眠狀況嗎？健康狀況如何？

3　如果這些煩惱都不再是煩惱，你可以做些什麼，你的心與頭腦都會感覺輕鬆一些？

示範引導

當事人：我想要問合作關係，我跟同事正在進行一項新的計畫，不知道接下來會如何？

引導者：這個計畫讓你心煩，是嗎？你看這張牌，連做夢都在想，還半夜驚醒……

當事人：工作上的事很多又很煩，回到家都還在想，我本來就是很容易煩惱的人，現在這計畫讓我更煩了！

引導者：這張牌給你的建議是，你要好好釋放這些焦慮和恐懼，回家後就別再想工作的事，尤其是睡覺前不要把煩惱延伸思考。你覺得自己可以做些什麼事情來調整嗎？

Ten of Swords

寶劍
10

你尚未經歷之前，就已經被自己的想法殺死幾百回。黑夜的狀態，就是白天行動之前的考量，起伏反覆揣想，不會比現在這樣更糟的了。當太陽出現，你就會知道，所有的恐懼都將過去。

⑩　否極泰來

　　如果在寶劍9不斷煩惱並深陷痛苦之中，寶劍10很快就出現了。這張牌就是「死在沙灘上」，象徵著「被自己的想法嚇死、被自己的想法害死」。

　　牌面上是海邊的決鬥場景，這位戰士深夜要去海邊決鬥，但還沒有抵達，心裡就覺得自己一定會輸。所以敵人還沒出現，就讓自己插滿了劍。這個狀態稱作「未戰先敗」，就是自己先投降、放棄，先自我了結，結束這個痛苦！

　　10號的數字牌，都象徵著「結束」，以及該元素「最多、最大」的意義。因此，寶劍10讓我們看見：自己是自己最大的敵人！當痛苦焦慮到了極點，連自己都過不了自己這一關，因為太恐懼了。

　　戰士被自己的劍插死後，太陽漸漸升起，又是新的一天，一切好像都過去了。他是被自己的想法嚇死的，所以並沒有真正死去。手指比「耶」，表示太陽出來了，光明正向，覺得今晚的決鬥一定會勝利，到了黑夜升起，卻又覺得自己會輸。想法起起伏伏，好的時候很有信心，不好的時候覺得自己死定了。

　　抽到這張牌的人，表示痛苦要結束了，將否極泰來！不要輕言放棄，這是

164

一個轉機，有機會扭轉原本的想像。可以給予多一點的鼓勵，不要被自己嚇死，這些都只是你心裡的想法，還沒開始就在心中預演悲劇情節，根本不是這樣的，別讓恐懼淹沒了一切！

引導提問

① 你常常被自己的想法嚇死嗎？瞬間從天堂掉到地獄？

② 痛苦就要結束了，你想要終結什麼樣的痛苦？

③ 太陽就要出來了，想像一下太陽出來後，充滿希望的狀態，事情會有什麼不一樣的發展？

示範引導

當事人：我想知道這次考試的狀況……

引導者：你的想法起起伏伏，有時候覺得自己很有信心，可是有時候又覺得沒有希望。你是不是想要直接放棄算了？

當事人：你怎麼知道我想放棄？也太準了吧！

引導者：你真的想繼續讀書嗎？還沒打仗就認輸，不是這張牌的提醒！這張牌在說，你熬夜讀書的痛苦就要結束，這是個轉機，你還有機會扭轉！不要被自己嚇死了，太陽就要升起，快考試了！加油！

◎綜合比較——

寶劍8、9、10這三張牌，讓我們看見自己的想法會如何讓自己痛苦，而且程度隨著數字增加攀升，愈來愈極致！從寶劍8「困住自己」、寶劍9「嚇醒自己」、到寶劍10「嚇死自己」，都有種「自己給自己找麻煩」的意味。

問關於未來的事，這三張牌常常會嚇到抽牌者，讓人不禁往壞處想。我想強調，這些寶劍牌都只是想法，並非真的如此！透過抽牌可以看清，困住並阻礙自己的，其實都是「想法」。從這三張牌中學習轉念，調整想法，即使面對生活中的慘事，也能放下煩惱、放過自己，就算天塌下來也要好好吃飯好好睡覺，重獲真實輕鬆的人生！

Page of Swords

寶劍

侍衛

馳騁在天馬行空的想像力和創造力中，不需焦慮或擔憂，創意能靈活運用。

寶劍侍衛 天馬行空

寶劍侍衛：風中之風，由雙倍的風元素組成，形成了思想上的變動，也是訊息傳遞的角色。

寶劍是風元素象徵思想；侍衛是風元素，就是變動、變化、赤子之心、好奇心、探索、機伶、反應快的感覺。所以這個想法處於好奇的變動階段，就像是腦力激盪一般，任由想法來去自如，天馬行空地蹦出各種靈感，像小孩一樣無邊無際地發散思考。訊息快速傳遞，還未經證實，也容易形成小道消息或流言滿天飛。

在78張牌裡面，寶劍侍衛是最為變動的一張牌，從牌面上可以感受到這樣的變動有種可愛的姿態，主角似乎在拍照擺姿勢，感受得到他也從中得到樂趣。他享受自己想法的變動，創意靈感層出不窮。依照發展階段來看，還在小孩的階段，這些想法與創意是新誕生的想法，不斷腦力激盪出新鮮的點子，創造力源源不絕。在這個階段，其實想法還沒有完全安定下來，是個腦力激盪與天馬行空的創意過程，想法都還在聚焦成形。

引導提問

1 這件事情，你有什麼靈感或想法嗎？

2 你聽到的這件事，會不會是一個未經證實的假消息、假新聞？

3 讓自己天馬行空，創意任意湧現，看看會冒出什麼好玩的想法？

示範引導

當事人：關於工作上帶領團隊的建議。

引導者：這張牌是思考天馬行空、創意紛飛的意思，你的團隊成員有機會各自表達出自己的想法嗎？

當事人：一般他們不常有這樣的機會，多半都是交辦事項，讓成員照著去做。

引導者：這張牌給你一個很好的建議，可以開始腦力激盪的活動，在團隊聚會時間中分享各自的創意與想法，我相信會是很好的！

Knight of Swords

寶劍

騎士

將想法落實在行動上，把目標具體化。等
目標出現後，行動要馬上執行、落實。

寶劍騎士　　落實想法

寶劍騎士：風中之火，由兩個元素組成，形成了思想上的行動力與落實。

寶劍是風元素象徵想法；騎士是火元素，將想法落實、讓內在信念與核心價值得以落實，是這張牌最重要的概念。

想法中帶有行動的力量，行動會帶出這個想法可以落實並執行的部分。

在牌面上，馬匹的眼睛是往後看的，牠在偷瞄主人，並想：「主人，你下令要衝，現在要往哪衝呢？」騎士代表風的想法，馬代表火的行動，行動要搭配想法的目標，才能有更好的合作。所以，也可以說這張牌是「找目標」的牌，將想法與點子具體落實執行。如果有個想法或點子，那就試著把想法具體化，可以怎麼做、可以做出什麼樣的產品或設計、可以如何讓頭腦裡面的東西具體成真。

抽到這張牌的人，會有點像無頭蒼蠅，抓到一個東西可以做就開始亂衝，像是散彈打鳥一樣，沒有一個規劃或方向，具有滿滿的行動力，就是不知道要做什麼才好，想清楚自己究竟要往哪裡去。

1　目前這件事會讓你有無頭蒼蠅的感覺嗎？

2　想法如果可以落實在具體可見的行動上，可能會是什麼？

3　如果有一個方向或目標，可以讓你的馬往前衝，你覺得會是什麼？

示範引導

當事人：我目前沒有固定工作，想看看做什麼比較適合。

引導者：你之前選擇工作的時候，都是以什麼為考量？以這張牌來看，你
　　　　沒有方向對嗎？

當事人：之前都是朋友介紹，有機會可以賺錢的，我就去嘗試看看，但是
　　　　很快就沒做了……

引導者：你要有一個方向和目標，我們一起來討論，在你工作生涯的選擇
　　　　上，什麼是最重要的。

諮商塔羅－小阿爾克那・寶劍－騎士

169

Queen of Swords

寶劍

皇后

帶著傾聽與支持的力量去表達想法，有說服力，有「你說了算」、「你就是真理」的意涵，柔性的想法背後，以愛為支持、基礎。

寶劍皇后　　傾聽接納

寶劍皇后：風中之水，由兩個元素組成，形成了想法上的溫柔，語言溝通上的溫暖與接納。

寶劍是風元素象徵溝通想法；皇后是水元素，代表溫柔傾聽與接納的女性能量。

水的元素代表情感，這個想法上的溝通是帶著情感的，有一股溫柔的力量。寶劍皇后一手拿著寶劍，一手向前張開，「來，說說看，我願意聽」象徵著迎接。試試看做出同樣的動作。當你和別人溝通時，對方的手擺出這樣的姿勢，你會覺得這是願意接納、傾聽或包容，而這就是皇后的溫柔力量。會感受到自己的想法是有人支持、接納的，有人傾聽自己的心聲。

雖然寶劍牌組是滿「硬」的一組牌，但是加上水元素後就變得溫柔了，有一種剛中帶柔的堅定力量，像是心理分析師的角色。這樣的想法與價值觀有理性堅定作為基礎，從發展階段來看，已經到達成人的階段，表示想法夠成熟了。寶劍皇后像是在說：「我帶著愛和你溝通，我帶著情感交流與你說話，我

帶著支持、傾聽和包容與你討論想法，溝通這信念與價值觀。」

引導提問

1　你願意傾聽自己的心聲嗎？

2　你想要聽聽看對方有什麼不同的意見嗎？

3　面對各種不同的意見與價值觀，你願意接納這些多元價值嗎？

示範引導

當事人：我想要去一個國家旅行，可以給我什麼訊息或建議嗎？

引導者：抽到寶劍皇后，她是一個堅定有力量的女子，你對這趟旅行有信心嗎？

當事人：已經想好何時要出發了，就剩下訂機票了！

引導者：感覺你已經下定決心，也願意傾聽自己的心聲，這趟旅程「你說了算」，這份溫柔堅定的力量會伴隨你前進，祝福你！

諮商塔羅．小阿爾克那・寶劍・皇后

King of Swords

寶劍

國王

專注，信念堅定，有穩定的能量。想法不
為所動、堅定的信念不變動。

寶劍國王 〰 貫徹決心

　　寶劍國王：風中之土，由兩個元素組成，形成了思想上的穩定、成熟，或
靜止不動。

　　寶劍是風元素象徵思想；國王是土元素，落實、穩定、圓滿、成熟的男性
能量。而想法不動如山，也有缺乏彈性、不知變通的意味。

　　抽到寶劍國王這張牌，有時候內在並沒有太多信心，無法堅定、貫徹決
心。這張牌給予鼓勵的力量是，要在這件事情上更堅持，或是要在這件事情上
站穩立場。

　　寶劍國王傳遞出來的訊息，就像是國王發布的命令，沒得商量。就像專業
人士所說的話語，無庸置疑。律師口中的法律條文，一是一、二是二，沒有商
量的餘地！寶劍皇后還有商量空間，但是寶劍國王的聖旨就只能貫徹下去，所
以這張國王的表情比皇后牌嚴厲，也是象徵了這一點。

　　任何人都無法改變國王的聖旨，當他下令，你也只能遵從。回到生活中，
當寶劍國王出現的時候，就是要堅定想法的時刻來臨，要帶著非常堅定的信

172

念，這個信念是無論如何都不為所動的落實力量。帶著破釜沉舟的決心，堅定想法、貫徹實行，「對！我就是要這樣做！」

引導提問

1 在這件事情上，你有點信心動搖嗎？

2 你想要貫徹決心嗎？你可以如何貫徹決心？

3 如果在這件事情上，你可以帶著堅定不移的信心去執行，會有什麼不同？

示範引導

當事人：我遇到一個衝突，不知道該如何處理比較好？

引導者：你抽到寶劍國王，意味著這件事情需要用非常理性的態度來面對。

當事人：不可以講人情，或者用私底下處理的方式，對嗎？

引導者：是的，感覺就是沒得商量，你要堅持自己的立場，該如何處理就如何處理，貫徹你的想法就對了！

代表水元素，議題包括：情緒、感受、心情、關係、愛、感覺、熱情、人際關係。感受中的喜怒哀樂、負面與正面情緒，都是由聖杯掌管。

從心理學的角度來理解，有困擾的人抽到聖杯牌組，往往反映了內在的情緒議題，有情緒等待處理、有內在感受等待回應、有要被照顧到的心理層面等待看見，這些心情感受需要被接住、被安撫。太多的聖杯牌，象徵著目前的情緒太多太滿，可能是太多感動開心，或是太多傷心生氣。

Ace of Cups

聖杯

A

豐盛情感的流動、湧現、順暢。被祝福的愛、新的關係與感受的開啟。學習用新的感覺來感受現有的狀態。

Ⓐ　　新感受

水的元素最重要的特質就是流動，聖杯A牌面上源源不絕的泉源流動，水流從聖杯中湧現，往下灌溉粉紅色的蓮花。水象徵情感，情感如果卡住，就會處於當機狀態；如果水停滯不前，無法流動，就像是感受卡住了，無法表達，會很難受。聖杯這個牌組掌管的是情感關係、感受、情緒，所有的感覺包括熱情、熱愛、怦然心動，而水元素加上數字1的特質，象徵新開始、創造的開始。因此，聖杯A代表新的感覺、新的感受、新的情緒，甚至是新戀情、新的

關係。但有人問和男朋友的關係，抽到這張，並非有新戀情介入，正確引導是：「可以在原有的關係裡創造一些新的感覺。」這樣的感覺和感受是受到祝福的，上方有隻和平鴿，象徵帶著祝福的力量。杯子裡面的水就像泉水一樣，當我們敞開雙手去給予愛，也能夠接受愛，在給予和接受之間，不停地流動，就是聖泉般豐沛美好的感受。

引導提問

1. 你內心的什麼感覺需要流動？表達順暢嗎？還是卡住了？
2. 你的生活中有股內心的熱情與愛需要滋養，你想到了什麼嗎？
3. 如果對這件事可以有新的感覺，那你想要灌注什麼？

示範引導

當事人：我想問關於目前工作的建議，覺得疲憊，想找方法調整。

引導者：你抽到聖杯A，表示要在工作中注入新的感覺、新的感受，可能你原本覺得這件事情很無聊，但我鼓勵你在這件事上要找到一個新的感覺，或投入新的熱情。

當事人：我覺得這是個很好的提醒，一直都以為自己做得不夠多、不夠好，沒有想過要從感覺、感受層面去調整。

引導者：是呀！灌注新的感覺，以新心情來做這件事，會得到不同的成效！

Two of Cups

聖杯

2

與他人交心、會心，給出承諾，內心選擇
是否要給出、是否要接受？交杯酒象徵情
感的交流、給出真心。

② 交心/盟約

　　對應數字2的關鍵字「選擇、做決定」，因此這張牌象徵了關係的決定與
選擇，包括戀愛、交往、合作、交心，是否要接受這個關係，是否要交流愛
情。聖杯2的牌面上有兩個杯子在中間，像是新郎與新娘喝交杯酒的婚禮場
景。上方有天使見證，所以聖杯2本身就是一種情感交流的契約，而且比較偏
向「心裡的契約、心的承諾」。而有時這樣的承諾是自己與自己的關係，自己
對自己的承諾。

　　數字2也有關於溝通與協調的合作特質。象徵合作關係，像是伴侶和夥伴
關係。杯子互換象徵著交心，我把情感交給你，你把情感交給我，在這個人際
關係裡，我們互相交流，願意付出信任與坦誠相對。在這個交流的過程當中，
互動的平衡也是很重要的，不是單向的付出或接收，在這個關係當中找到平衡
點，也是聖杯2要學習的課題。

1　你詢問的這個人，你與他是交心的關係嗎？能和他談一些心裡話嗎？

2　這件事，有夥伴和你一起投入進行嗎？感覺是合作的關係。

3　這個目標，是你給自己的承諾嗎？你答應自己要做到，是嗎？

示範引導

當事人：我想要出國打工度假，我想了解是否該採取行動？

引導者：你抽到聖杯2這張牌，這個打工度假的計畫，你想多久了？

當事人：我從念大學開始就想要這樣做，算是畢業後的第一個目標，也收集了很多資料……

引導者：這是你對自己的一個承諾，你答應自己要出國去看看這個世界，是嗎？去吧！完成你和自己的約定吧！祝福你。

諮商塔羅｜小阿爾克那・聖杯─2

Three of Cups

聖杯

3

想要證明自己是最好、想證明自己在對方心中的地位最重要，期望自己是最被關注的那一個。學會用自己最舒服的方式展現自己即可。

③ 慶祝／表現

聖杯3牌面是慶祝豐收的場景，大地之母豐盛的慶典，舒服又開心，舉杯慶祝，地上滿滿的豐收果實。這張牌象徵慶祝美好的事情到來。

三位美女拿著杯子舉杯歡慶，對應到數字3的特質，希望自己的表現是最美好的，這張牌有種爭奇鬥艷的意味。把杯子舉高，展現出自己最美的一面，把最豐盛的果實拿在手上，整體呈現出歡欣的場景。然而，在歡樂慶祝之餘，她們也在互相較勁，比較誰是最美的、誰是最好的。問關係時抽到這張牌，在情感裡面爭誰是最好的，就叫「爭寵」，和誰爭寵？在這段關係裡，你是不是覺得有時候被忽略，或是有種輸給某個人、輸給什麼的感覺，心裡會覺得自己好像不是最重要的，所以才會力求表現，想把杯子舉得最高，展現出最開心最美好的一面。

聖杯3要我們學習，自在、優雅展現自己的美好，即便過程中還是會有些焦慮，不知道自己能不能表現好，只要盡心去做，就可以舒服享受這豐收甜美的時刻！為自己乾杯吧！

1. 你在慶祝什麼？有什麼值得開心的事情？
2. 如果這是個未來慶祝豐收的場景，你能感受到這是什麼樣的畫面嗎？
3. 你想把自己的哪個部分表現出來，想在生命中展現哪個最美好的部分？

示範引導

當事人： 我即將要論文口試了，好緊張呀！想抽牌看看會如何？

引導者： 聖杯3這張牌是歡樂慶祝豐收的場景，這是你期待的畫面與感受嗎？

當事人： 哇！如果真的是這樣，那就太棒了！

引導者： 請你想像一下，當天口試現場的畫面。打扮大方得體，舒服自在優雅地呈現論文內容，最後圓滿開心完成，大豐收！還有和夥伴互相舉杯，開心慶祝論文完成的慶功宴！

Four of Cups

聖杯

4

堅定自己的選擇、排除雜念,不受動搖。
菩提樹下冥想,學會擇善固執,選擇自己
喜歡的選擇。

④　　堅定信心

數字4本身就帶有穩定、不變與執著的意義,所以聖杯4這張牌象徵了:我清楚知道我心裡的選擇,不為所動,我堅定自己的信心,旁邊從雲霧裡冒出來的是要考驗我的決心,我不去想那些不可能的事,我只會考慮心裡最想要的選擇。

抽到聖杯4的人其實比較多慮,或成天都在想那些不可能的事。牌面上這個人坐在樹下,眼睛看著前方的三個杯子,還在感受自己究竟要不要接受第四個杯子。學習堅定內在的信心,很清楚知道心裡面的偏好與選擇,對什麼有熱情、有感覺,做好決定之後,無論誰說什麼,都難以動搖。

常常抽到這張牌的人,內心是不太堅定的,所以這張牌可以給予鼓勵支持。帶領對方去探索:其實在這件事情上,可能有些情感或人際關係因素的考量,反而成為你選擇時的壓力或困擾,影響自己的心情,感覺有點無奈。

1　你坐在樹下，都在想些什麼？感覺如何？

2　面對這件事，你是否能夠不為所動？或是很多雜念一直在影響你？

3　有什麼因素會影響你的決定，哪些人事物會影響你的心情？

示範引導

當事人：我想要換一個地方工作，準備調職，不知道會如何？

引導者：為什麼想要換地方？你抽到聖杯4，有什麼情感因素的考量嗎？調到新的地方，你覺得會比較開心，是嗎？

當事人：因為我男朋友在那裡！所以一方面是考慮我男朋友的狀況，一方面他也方便每天接送我上下班。

引導者：他在那裡工作，所以你要調到同一個地方，情感的因素的確是你的重要考量，看來你已經下定決心，聽你描述都充滿幸福，祝福你們。

諮商塔羅｜小阿爾克那・聖杯｜4

Five of Cups

聖杯

5

⑤ 焦點轉移 ◌

焦點轉移，有不同眼界的「看見」，即使面對失落或失去的沮喪，也給自己信心，看見支持自己的資源有哪些，珍惜擁有。

　　聖杯5的經典牌義是傷心、沮喪、失望、掩面哭泣。傷心來自前面的三個杯子倒了，這象徵失去感情、感情破裂、覆水難收。可能是碰到一件令人非常傷心的事，或分手、親人的離開等，和感覺感受、痛苦傷心是有關係的。他可能會默默地傷心哭泣，而一直無法把頭轉過來。

　　這張牌帶來的功課就是焦點轉移，可以請當事人注意牌面上兩個「立著的聖杯」，立著的聖杯在身後，帶著支持的感覺，所以他其實擁有一些支持的力量，只是現在還沒看見，但這兩股力量一直都在。協助他找到這個資源，焦點從放在「失去、倒下的聖杯」，轉移到放在「擁有的、立著的聖杯」，是這張牌必須學習的課題。

　　牌面裡的遠方有條河，當你願意轉身看見後面立著的聖杯，請拿這兩個杯子去裝水，走過橋、到達對岸，象徵新的生活場景。因此，可以找另一種新方式重新創造，或是彌補安慰自己，可以做一些有助於調整心情的事。在失去當中，還要去看已經擁有的部分。

倒下來的杯子，如果是代表了失去、離開，讓你想到什麼？

立著的杯子，如果代表了你的資源與擁有的，又讓你想到什麼？

焦點轉移後，讓我們走過這座橋，到達對岸，有著美麗的屋子，那又象徵什麼？

示範引導

當事人：跟老公吵架，氣死我了！準備跟他離婚！

引導者：抽到聖杯5，你真的很傷心，一直去想他有多壞、讓你多心痛，頭都不想轉過來了！

當事人：對呀！根本不轉過來！我這幾天一直在想，愈想愈生氣！

引導者：回到你們的關係中，你覺得結婚那麼多年，他有哪些優點？如果他真的這麼可惡，為何還在一起那麼久？他一定有什麼優點，說兩個來聽聽。

諮商塔羅 — 小阿爾克那．聖杯 — 5

183

Six of Cups

聖杯

6

兩小無猜的單純之愛、浪漫之愛，互相幫助，也象徵出門在外有貴人相助。

⑥ 互助合作 ⬠

　　談到數字6，就會想到付出的議題，以及對人的關懷與愛，而聖杯本來就帶有這個特質，所以聖杯6的杯子裡裝滿了百合花，是這張牌比較特別的地方。帶著紅帽子的男孩，把花送給小女孩，這代表了單純的幫忙，愛的互助合作。在互動的關係當中，我願意幫助你，未來也會有人這樣幫助我。所以這張牌有「貴人相助」的含意。

　　數字6除了善良與幫忙，也有天使的含意。牌面上的場景是戶外，也象徵了出外打拚，會碰到天使般的好人相助，或在外地生活，會遇到有人可以互相照應，可能是室友或同學，擁有出外生活的貴人運。他們都是你的天使，會即時伸出援手，有時候伸出援手的天使是你，你的熱心會幫助其他人，助人一臂之力！呼應了6號戀人牌天堂的良善之心。

　　牌面中兩位主角都是小孩，也象徵著童年事件與感受，會影響現在的心情與反應。在塔羅諮詢過程，可以協助對方去覺察，現在的情緒是否受到童年經驗的影響，以及如何療癒過往的情緒，當自己生命中的天使，送上百合花給小

時候的自己或內在小孩。

引導提問

1 你比較像這兩個人物中的哪一個？比較高的？還是比較矮的？通常是別人幫忙你，還是你幫助別人？

2 在你生活經驗中，有哪些得到別人幫忙的經驗？誰是你的貴人？

3 童年經驗的感受，如何影響現在這件事？現在可以如何幫助你的過去、如何創造未來？

示範引導

當事人： 我即將要到新的公司上任，不知道接下來的狀況會如何？

引導者： 抽到這張牌，象徵互助合作。你會遇到不錯的同事或主管，都會願意幫忙照顧你，這是一張照顧新人的牌。

當事人： 太棒了！正在擔心無法適應新工作，這樣聽起來更有信心了！

引導者： 是的，在工作場域就是要互相幫忙，因為這些前輩也曾經是職場新人，當你表達善意，別人也會很樂意協助你！你以後會成為前輩，就有機會回饋公司、幫忙新人，成為別人的天使貴人！

Seven of Cups

聖杯

7

想體驗各種感受、各種自己喜歡的，充滿好奇，躍躍欲試。以最想要的、最渴望的、最有感覺的為優先。

⑦　優先次序

　　聖杯7代表了渴望有多樣性的選擇。牌面上的聖杯都在雲霧中，象徵這些事情和選項都還在半空中，還在規劃、想像的過程，甚至是白日夢的幻想。而數字7具有思考分析的特質，會去研究並判斷，面對自己熱愛事物的時候也是如此，會考慮很多。

　　牌面最上方有個人頭，象徵想擁有人際關係；有一條蛇，象徵想學習蛻變的智慧；有一座城堡，象徵想買房子；金銀珠寶，象徵想滿足物質慾望；月桂冠，象徵想功成名就，得到榮耀；還有一隻龍獸，以及頭蓋白紗的不明之物，這引發了7號的好奇心與學習慾，想接觸新鮮的事物，並投入做研究。對於他沒有接觸過的，都會非常有興趣。例如，興趣太多元，想要學畫畫、學跳舞、學瑜伽、學塔羅等熱愛的事物太多，所以這張牌有個很重要的功課就是，要排出「優先次序」，一個一個來。請當事人排出優先次序之後，可以減少焦慮，他就不會覺得好像選了一個，其他的都得放棄。從第一個下手。把想像中的事情逐一完成，把想學習的項目排出來，一個階段完成一個學習，不要急。

1. 杯子裡的東西代表了你生活中的哪些選項呢？蓋起來的那個，你直覺認為那是什麼？

2. 這些渴望的選擇，都在你的想像中，你想讓哪一個具體落實在生活中？

3. 如何能夠實際分析自己的優先次序，並排出要先開始的那一個？

當事人：老師，我想要排一下大學的社團選項，到底要參加什麼社團才好？

引導者：抽到聖杯7，代表你興趣種類很多。你想參加幾個社團？你有興趣的都列出來，再排出優先次序，我們來好好討論一下。

當事人：我自己很想選的有三個，但是我不知道怎麼安排。

引導者：可以一年換一個社團，你可以玩不同的東西，學習不同的技能，你熱愛的各種事物，都可以去體驗、探索。一個一個扎實地體驗。

Eight of Cups

聖杯

8

夜以繼日地往前努力，在既有的基礎之上更加努力前進、追求更好的品質，可回顧自己已有的努力成果。

⑧　追求品質

　　聖杯8的牌面是跋山涉水的場景，8號牌會帶有這種為了目標而努力投入的象徵。天上的月亮太陽同體，表示日以繼夜，夜以繼日，不停地跋山涉水，為了自己的目標與美好生活、美好感受，往前邁進。

　　數字8是非常扎實的無限大力量，這張牌也呈現了8的這個部分，內在有些穩固基礎，並且往前繼續追求更好的，持續自我突破與超越自己，對於內在品質的要求很高。例如，在物質生活豐盛之餘，還是得面對內心的不滿足，因此繼續往靈性成長的道路追尋。

　　正在做某件事的時候，他會覺得停在原地是不夠的，即便原本的狀態已經很好了，還是要繼續往前追求下一個更高的目標，甚至會先放棄本來擁有的，繼續去尋找更好的事物、更好的品質，更精緻的生活、更能夠提升自我心靈的部分。

　　問和某人情感關係、戀愛關係或婚姻關係，抽到這張牌，並不代表關係不好，或是把對方晾在家裡，我的感受傾向是，抽到這張牌的是關係當中願意付

出比較多感情的那個人。他會去思考，怎麼做才能增加情感的品質、生活的樂趣，可能會著手規劃去哪裡出遊、吃美食、看表演展覽等。讓情感和生活變得多采多姿，這是因為他不滿足於原本的狀態，希望「好還要更好」。這就呼應了數字8的特質，不斷自我超越，目標感十足，每一座山都要攻頂插旗。

引導提問

1 你對自己哪部分不滿意，想要好好面對？

2 你想追求更好的生命品質，這是什麼樣的畫面、什麼狀態？

3 你想做哪些努力好達到心靈成長？

示範引導

當事人：我有一段穩定的感情，但內心似乎覺得有更想去做的事……

引導者：你想離開他，去追尋自己的夢想嗎？

當事人：是的，我想去做自己更想做的事，我覺得我們好像無法擁有相同的價值觀，他希望我們結婚，走入家庭生活，但我一直想去完成自己的夢想！

引導者：你抽到聖杯8這張牌，確實呼應了你的心境，想先放下這些已經建立的基礎，勇敢追求你的夢想目標！因為你知道，人生不該只是這樣，對吧！

Nine of Cups

聖杯

9

感情好，喜悅、開心、得意，但有一些不
想表達或尚未表達的感受。保留私領域、
空間給自己。多分享感覺與感受。

9　表達感受

走過了聖杯8，終於找到他追求的第九個聖杯。到聖杯9這個階段，快樂
與財富都已滿足，經歷千山萬水終於回來了，有種終於穩坐泰山，把九個杯子
亮出來排排站，洋洋得意、滿足喜悅的能量。鋪上桌巾，像是要宴請客人的享
樂場景。

對應數字9的特質，低調，不喜歡張揚，即便滿足喜悅，還是有一些要隱
藏起來，就用布蓋住，讓大家看不到下方隱藏的東西，只呈現出檯面上的九個
聖杯。可以讓人見到的，就是九個聖杯。但布的下方還有更多聖杯，不想要也
不需要讓大家看到，象徵著更大的喜悅滿足，包括享樂的感受等，都是在私底
下的。

詢問關係時，聖杯9代表了感情生活的滿足。感情再好，在外人面前頂多
勾勾手，但在家裡關起門來怎麼做是自己的事。面對感覺的表達，也是類似的
方向，「有些感覺可以外放，有些感受可以說出口，但有些部分不想說得太明
白，我的情感或憤怒，無論正面或負面，其實並不會全盤托出」，這就是聖杯9

的特質。會用較為低調、冷處理的方式來處理感覺和感受，與當事人溝通時也會保留一些情緒，將9號智慧老人的智慧話語應用在溝通上。這也讓我們學習到要完整表達情緒與感受，自然地把內心的感動與感激表達出來，不再隱藏。

引導提問

1　在檯面上的聖杯象徵什麼？

2　什麼讓你感到開心滿足？如何慶祝你的喜悅？

3　有什麼是你不想表達出來的？

示範引導

當事人：我目前這段戀愛關係需要一些提醒或建議。

引導者：你這段關係感情看起來很不錯，你比較低調，是嗎？

當事人：我其實非常小心翼翼在保護這段情感，也不太想讓伴侶曝光。所以同事都不知道我們在交往，畢竟在同一個環境，不希望她遭受別人異樣的眼光。

引導者：感覺你們的關係很好也很穩定，在溝通上，盡可能完整表達彼此的感覺與情緒，會對你們的關係進展更加分！

Ten of Cups

聖杯

10

圓滿的關係，各自獨立，有界線，不黏膩。在自己能處理的關係中做自己。給別人獨立空間、信任及允許。

⑩　闔家歡

　　數字10是數字牌最後一張，也是一個「完成」的數字，更是下個新階段的起始數字，所以帶著完成的圓滿感覺，彩虹環繞，幸福美滿。聖杯10是闔家歡，這個場景象徵了真、善、美，彩虹代表了美夢成真，把聖杯都排在彩虹上，象徵圓滿幸福，一切都非常美好。不只生活富足、健康平安、父母事業順利、小孩開心快樂，每個面向都有非常好的發展，關係也非常圓滿和樂。

　　在牌面上，小孩手拉手，自在玩樂，享受遊戲樂趣；父母彼此相依偎，手迎向天空，象徵著感謝這一切的恩典。他們維持彼此的界線，不黏膩也不糾結，這呼應了家族治療中的清楚界線，親代與子代的關係各自獨立，家庭角色在各自正確的序位上，互相尊重。

　　孩子的議題回到孩子身上，父母不要過度干涉，而父母的婚姻問題也回到夫妻關係中處理，不要抓住孩子變成情緒轉移的對象。許多父母想把小孩和自己綁在一起，覺得緊密相連才是好，而這張牌剛好可以給予他們提醒。

　　這張牌也與21號世界牌不謀而合，在圓滿的關係裡有適當的界線。而聖

杯10這張牌更強調情感關係的美好，感受幸福和樂。

引導提問

1 目前的生活中，最值得感恩的是什麼？

2 眺望遠方，你最想要看見什麼？

3 目前家庭的關係如何？親子之間的界線是否清楚？

示範引導

當事人：如果換一家新公司去工作，會如何？

引導者：我覺得聖杯10是不錯的象徵，感覺有一股開心的能量。

當事人：那會不會賺大錢呢？

引導者：一定會有錢賺，你開心了，財運也會比較好。會擁有很好的人際
互動，感受也良好。所以還是要知道你最在乎的是什麼？如果你
要賺大錢，可能在新公司不會讓你賺大錢，但你應該會滿開心
的，也有可能新公司較能讓你實現夢想，你看牌面上有彩虹，又
有十個聖杯，還是先釐清一下你的需求是什麼。

Page of Cups
聖杯
侍衛

專注在情感中，享受、珍惜、看顧、呵護
這份情誼。回到初衷。

聖杯侍衛　⬦　守護看顧

聖杯侍衛：水中之風，由兩個元素組成，形成了情感上的呵護。

聖杯是水元素象徵感受；侍衛是風元素，就是變動、變化、赤子之心、好奇心、探索、機伶的感覺。所以這種感受與感情是在探索與好奇的階段，還會有些變化。

風元素就是小孩，青春有活力，帶有變動性，更是一種自在瀟灑，像孩子般純真的特質。牌面上的人看著杯子裡面的魚，好像在和魚兒對話，這種感覺是：「我找你找了好久，終於見到你了。茫茫人海中，你終於出現了。」有種守護真愛的意味。

聖杯代表情感，聖杯侍衛的發展階段呈現的就是，這份情感還處於剛開始的階段，就像小孩，有一種新鮮、青澀害羞的感覺，戀愛的初始階段是非常有趣的。

這也是一個關注的畫面，關注這種感受，關注熱情所在，關注這份情感、感覺。這樣解釋侍衛牌就更直覺、更容易，如果是錢幣侍衛，就是關注投資、

學業、房子等方面。以此類推，解釋方式類似。

1 你在專心注視著什麼？這條魚代表了什麼？

2 目前還處於剛開始的階段嗎？是一段感情的發展嗎？心情如何？

3 起始階段是一段冒險的開始，你想要探索什麼？期待能獲得什麼？

示範引導

當事人：我想了解夫妻關係的狀況。

引導者：這張牌呈現出一股像是默默守護的力量。你覺得自己是這條魚，
　　　　還是侍衛？誰守護著誰？

當事人：我覺得我比較像這條魚，我老公像是侍衛守護著我。他平常不會
　　　　說太多話，但他很關心我，其實我都知道。不過我還是希望他主
　　　　動一點……

引導者：會有期待，會希望對方照著自己的希望表現是正常的，但這張牌
　　　　的出現是要你去覺察，你可以接受他就是個默默守護你的侍衛
　　　　嗎？別忘了，侍衛通常就是待在身邊守護著他想守護的人！

諮商塔羅｜小阿爾克那・聖杯｜侍衛

195

Knight of Cups

聖杯

騎士

騎士帶著全然的愛與熱情要出發，但馬匹裹足不前、疲累，不敢跨河。心有餘而力不足的表現。多休息，多照顧自己的感覺，確認自己是否真的準備好要前進。

聖杯騎士　⬧　暫緩腳步

聖杯騎士：水中之火，水中的火元素很難點燃，形成了感受上的行動議題。

聖杯是水元素象徵感受；騎士是火元素象徵行動層面，表示感受和行動搭不上。

聖杯騎士這張牌有種火點不起來的感覺，有點提不起勁。在牌面上，騎士雄赳赳氣昂昂，全副武裝帶著聖杯出征，騎士心裡想要好好採取行動，但馬卻低頭躊躇，似乎無法渡河。這張牌的牌義，帶著心有餘而力不足的象徵。例如面對感情，結束一段感情後以為可以捲土重來，迎接下一段感情，卻沒有動力，可能有些累了，想要先休息一下。因此，抽牌者就像是馬很累的騎士。

透過塔羅諮詢引導，可以協助對方去覺察身體語言，我們的行動常常會更清楚自己要什麼，因為我們可能覺得心裡準備好了，卻不知道其實身體很累。馬象徵了他的行動沒有動力。就像火裡面的水，即使努力想要點燃，但就是點不著。所以我會建議「尊重自己，先暫緩。」許多人在生活中過度操勞，例如投入一個專案，連續整個禮拜都沒有睡覺。所以抽到這張牌是非常可以理解

的，就算再怎麼熱愛，身體也受不了這種折磨。就算騎士的意志力與心情再強，也支撐不了，身體就是無法繼續前進。

引導提問

1 你現在想要過河，但先停下來、暫緩腳步，好嗎？

2 浪漫的白馬騎士，帶著杯子要前往哪裡？

3 杯子象徵著什麼？會給自己時間允許自己準備好再出發嗎？

示範引導

當事人：我想談戀愛，一直參加聯誼，為什麼遇不到合適的人？

引導者：你抽到這張牌，是不是過去在情感上覺得很累？你心裡覺得自己準備好了，但其實還沒有想要往前走……

當事人：對，我發現都是身邊的人一直催我說年紀到了，不能再等了！他們一直介紹我參加各種約會……我真的覺得好累！坦白說，心裡真正想的是：不要再逼問我了，可以放過我嗎？

引導者：如果你發現根本就不想去某個約會，就不必勉強自己。可能你一直覺得想談戀愛，自己應該已經準備好了，前一段戀情結束後也不可能傷心這麼久。但不想去參加約會，就不要勉強。這張牌可以說是很誠實地呈現你內心的寫照。

◎補充：想要 vs. 需要

很多事情想做但是提不起勁，是真的「想要」做嗎？還是因為「需要」去做？

提不起勁的事情通常就是不太想做的，想要做的事往往會迫不及待想去做。有時候我們自己做的事情並不是真的想做的，而是要做，但是其實你不想，只是因為需要去完成，可能是一種責任，也可能是環境壓力導致。

Queen of Cups

聖杯

皇后

不顧一切地投入熱愛的事物中，不管外界環境如何，只全然對焦在投入的事物裡。看不到環境的變化與發生什麼事情。

聖杯皇后　💧　全然投入

聖杯皇后：水中之水，雙倍的水元素，形成了感受上更加溫柔、溫暖、希望展現。

聖杯是水元素象徵感受；皇后是水元素，情感豐沛的女性能量。

水中水，雙倍水的力量加成，有種情感氾濫的感覺。牌面上的聖杯，看起來是個超級重量杯，非常華麗！這是聖杯皇后專屬的聖杯，她非常專注地看著自己握著的聖杯，全然投入，投入到水已經淹上她的腳和裙子了。這張牌有種廢寢忘食的感覺，全然投入的時候，注意力的焦點會完全投注在這個狀態裡面。如果問談戀愛的狀況，抽到這張，這個人是可以談戀愛談到不用吃飯的！或是可以全然投入完成模型，廢寢忘食，而且他還覺得時間過得很快，也不會累。

不顧一切的投入，要讓我們學習什麼，給我們什麼提醒？這張牌有兩個建議，第一，抽到牌的人目前狀態是不太投入的，你可以鼓勵他找到自己真正熱愛的事物，投入其中。第二，就是他可能對某件事廢寢忘食，已經影響到他的

健康，或干擾到身邊的人了，太執著的時候，要提醒他看看身旁的環境裡發生了什麼事情。

引導提問

① 有什麼事情能讓你廢寢忘食？

② 你喜歡自己全然投入的狀態嗎？

③ 最近的情緒如何？是否會情感氾濫、太多眼淚？

示範引導

當事人：我想要參加一個課程，不知道是否適合我？有沒有什麼建議？

引導者：你喜歡這個課程嗎？看起來你對這個課很有感覺，是嗎？

當事人：我滿喜歡的，所以想學習這個系統，也想往這個方向前進。

引導者：這張牌給你的建議，全然投入，你可以放心享受這個過程！

King of Cups

聖杯

國王

保持穩定狀態，情緒不波動，但心中懼怕，不讓他人發現。可真實表現自己的恐懼。

聖杯國王　⬧　保持鎮定

聖杯國王：水中之土，由兩個元素組成，形成了感受與感情上的穩定、成熟或靜止不動。

聖杯是水元素象徵感受；國王是土元素，落實、穩定、圓滿、成熟的男性能量。

聖杯國王，象徵情緒的穩定。在牌面上，海面波濤洶湧，象徵情緒起伏波動大，但因為他是一國之主，要展現出穩定如山的態度。海面上起了風浪，即便是國王，在內心也會擔憂焦慮，但他要保持鎮定，情緒不為所動，才能穩住軍心。

這張牌要我們學習內外合一，真的害怕就說害怕，如果真的開心歡喜，就可以表達出喜歡。情緒和情感的不動如山，其實是因為外在角色的需要，或環境因素而忍住不把情緒表現出來，刻意忽略波動的感受。抽到這張牌的人，可能平常就是這樣處理自己的感受，比較忽略情緒。

1 國王坐在這裡的感覺如何？心情如何？他在想什麼？

2 面對海水的波濤起伏，如何讓自己穩定下來？

3 如果可以有更舒服的調整，你想怎麼做？

當事人：好煩喔，有人向我告白，我不知道要不要答應他。

引導者：抽到聖杯國王，你是在保持鎮定嗎？其實心中波濤洶湧，是嗎？

當事人：好吧！……超害羞的，好像是……

引導者：你心裡已經小鹿亂撞了，臉上卻表現其實我對他沒什麼感覺，你抽到的牌大概就是這個意思。很難掩蓋住心中的澎湃！

錢幣代表土元素，土地的能量。「有土斯有財」，因此土元素以錢幣、五角星符號為象徵。掌管的議題包括金錢、學業、事業、投資理財、房子、車子、功成名就、名聲頭銜、身體與健康等具體看得到的層面。只要是情緒、想法與行動這三個層面以外的，都屬於物質層面的管轄範圍。

而在物質世界中運作的「心因外果」靈性法則，錢幣所呈現的狀態（結果），也是「情緒、想法、行動」這三者（原因）的影響所致，這些內在的發生（因）顯化成外在具體的真實現象（果）。

Ace of Pentacles

錢幣

A

這是個創新的契機、新的投資、新的工作機會、新的房子或車子，是一個嶄新的物質開展，充滿穩定與把握的力量。

Ａ　新計劃

把這個錢幣想像成金元寶，而錢幣Ａ就是手上捧著一個金元寶的感受。請伸出左手並握拳，用右手掌包握住左拳，就像是握著金元寶的畫面，這是什麼感覺？是否有種踏實、扎實的「安全感」，當你擁有物質金錢的時候，就是這樣的安全感。

這種擁有感受，也會大大增加我們的「確定感」，這是一種新的開始、物質生活的開始，例如象徵新的生命階段，進入新學校、新工作等。錢幣這組牌

是物質生活的力量表現，也可以說是關於生涯規劃、財務規劃、理財規劃、物質生活配置的一組牌。

買新房子、新車子、進行一項新投資等，代表穩定的物質力量，並且對於這個事件是有把握、有安全感的。詢問建議，抽到這張牌，代表當事人需要一個新計畫、新的創作、新的工作項目等，是關於物質層面的新開始。

引導提問

1　最近有什麼新的機會出現？如果有，你想把握住這個機會嗎？

2　如果要開始一個新計畫，你覺得是什麼？健身、工作，還是買房？

3　對你來說，這項新計畫能夠替生活帶來什麼樣的穩定力量？

示範引導

當事人：想要買房子，看上了一個物件，覺得不錯，但價格有點高……

引導者：抽到錢幣 A，感覺買房子這件事可以給你穩定的力量與安全感，是嗎？

當事人：是呀，我一直在計畫買房，不知道這一個我能否負擔得來？

引導者：這張牌在鼓勵你，可以發展這項新的計畫，也需要穩健地做好財務規劃，讓自己在有把握、有安全感的狀態中持續前進，並且夢想成真！

Two of Pentacles

錢幣

2

在變動的環境中，依然能夠對所選擇的事物掌握自如，就像無限大的創造能量，能創造無限的可能性。

② 掌握自如

　　錢幣 2 的牌面是個從容自在、掌握平衡的場景。主角手上握有兩個錢幣，形成了一個無限大的符號，好像在和錢幣對話，而且一腳還踮著，象徵著輕鬆自如，同時可以發揮無限大的可能性。主角身後的海浪波瀾起伏，船隻隨之起舞。後面的海浪象徵環境的不穩定，對於投資理財來說，現在時機不好，整體的景氣不佳，或是由於全球金融政治等因素，導致影響工作與財務狀態都不是那麼好。

　　對於抽到這張牌的人來說，即使目前大環境不穩定，依然可以在既有的環境中，掌握自己力所能及的，維持物質生活的平衡，更能創造出無窮的可能性。對於自己的物質、規劃、投資，他都能掌握。就算是 2008 年金融海嘯、雷曼兄弟事件爆發當時，大家都在慘賠，但會賺錢的人依舊穩賺，穩定發展的事業依然蓬勃發展，看到百貨公司週年慶的當月業績，會覺得時機其實好得不得了。

　　問投資理財，抽到這張牌，投入的資源要維持在自己可以掌握的程度，重

點是可以掌握這個平衡最重要，因為只要在可以掌控的範圍內，就能創造可能性。抽到這張牌，也象徵這項投資是在自己的掌控範圍內的投資項目，並且要開始做好平衡的財務規劃。

引導提問

1. 檢視自己目前的能力與條件，做這件事，可否取得平衡？還是會很吃力？
2. 當你決定做這件事，有哪些資源是可以掌握與運用的？
3. 你想要繼續創造哪些可能性？

示範引導

當事人：我要去參加這項考試，有點擔心，想要尋求一些指引。

引導者：看起來考試競爭得很激烈，整體來說可能有些困難，但感覺你可以掌握自如，在擔心些什麼呢？

當事人：我害怕自己沒有足夠時間準備，因為臨時才報名……

引導者：這張牌鼓勵你，抓住你最能掌握的部分，例如你某幾個項目最拿手，就專攻這幾個，多花時間準備，這些強項可以替你獲取不錯的平衡分數！

Three of Pentacles

錢幣

3

設定藍圖與願景，開始找人討論並與團隊合作，展開未來的計畫與執行，進行願景的宣告。

③ 願景/團隊

　　錢幣3的三個錢幣鑲在牆壁上，成為建築的一部分。這個場景在教堂，修道士手上拿著教堂的設計圖，建築師拿著工具站在板凳上面象徵專業，他正和兩個修士解說設計圖，說明教堂要怎麼蓋，一邊聽修道士的想法，同步進行修正。

　　錢幣3裡有三個人，象徵著團隊合作的力量，數字3常常象徵合作、一起創造願景並實現願景。當修道士產生蓋教堂的願景和藍圖時，他們把專業工作交給建築師規劃，畫下了願景藍圖，也就是設計圖，接著開始找人討論，找夥伴進行團隊合作。

　　這張牌，對應到數字3的「表達」。想要做一件事情的時候，我們要找人討論、分工合作、把專業的部分交給專業，讓專業人員執行各自的拿手項目。這個表達過程就是一種宣告，告訴他人我的願景與想做的決心，還有想要怎麼做，接著經過討論，會更確立自己的目標，更清楚知道自己的願景該如何調整，並隨時修正。

引導提問

1　這座教堂對你來說象徵了哪項願景？你有什麼想開拓的目標？

2　想到哪個適合的人可以加入計畫中？如果會有另外兩個人，你覺得是誰？

3　這個計畫可以如何分工，各自負責擅長的領域？

示範引導

當事人：我要考研究所，目前正在補習班補習準備考試，有什麼建議或提醒？

引導者：你抽到錢幣3這張牌，可以找讀書會夥伴一起準備考試，加上你一共三個人就好，你有哪些人選可以一起加入嗎？

當事人：嗯！我有幾個比較熟的補習班同學，看看哪兩個人可以和我一起。

引導者：讀書會三人小組，剛好一個人負責一個專業科目，選自己比較拿手的科目，非常完美！想像一下考試順利成功的樣子，會是什麼的畫面？

Four of Pentacles

錢幣

4

④ 守住／流動

謹慎地守護著自己擁有的物質，緊緊地把握住而不分享出去，因執著於安全感而失去豐盛感。可以多聚焦在自己已擁有的部分，增強「我是豐盛的」感受。

　　錢幣4是守財奴的象徵，對應到數字4的安全感議題。物質的安全感來自抓住財富、守住金錢，才會覺得生活是安全的。牌面上的人物是國王，頭戴皇冠，身後是他的領土，有權有勢，但他手上抱著錢、雙腳踩著錢、頭上也頂著錢，讓人感覺要從他身邊拿走錢幣是不可能的，因為他守得很緊，有股小氣吝嗇的意味。

　　守財奴是有錢的乞丐，他不是沒錢，也不是真的乞丐，他是「有錢得很貧窮」。這張牌有時候會讓我們看到，這個人對物質的掌握和要求是非常謹慎的，可能會花很多時間存錢、守財、放定存，理財概念比較保守。他很需要安全感，他相信這樣做比較安全。可能也會選擇相對安全的投資法，像是穩健型的投資、長期定存，甚至存一輩子都沒有取出來用，因為他希望安全穩定。相對於火元素，權杖騎士的策略是走短線操作或賺快錢。

　　回到這張牌要學習的課題上，可能會一直累積物質的安全感，但漸漸會發現還是要回到自己的內在，就算擁有這些物質，心裡卻缺少豐盛感，所以他要

透過這些累積，去累積自己的豐盛感。

引導提問

1 當你擁有這麼多，把這些物質都守在身邊，真的快樂嗎？

2 你覺得自己是豐盛的嗎？還是你只看到匱乏之處？是否已經擁有很多，但依然覺得自己很窮困？

3 如何回到自己的內心，尋找內心真正的安定？

示範引導

當事人：我想知道，找工作的類型要往哪個方向比較好？

引導者：你抽到錢幣4，可以往有安全感為主的類型去找，你覺得做什麼事情或工作條件，會讓你有安全感？

當事人：我希望是穩定的，不要有太多變動，也不要出差什麼的，穩穩的就好。

引導者：可以往公家機關，或保障良好、制度健全的公司這些方向去考量，會讓你比較有安全感。避免草創期或需要和老闆一起打拚的公司類型。

Five of Pentacles

錢幣

5

路過教堂象徵有豐厚資源卻不使用，因面子問題而不習慣求助，想要靠自己走過低潮，證明自己是可以的。

在錢幣5的牌面上，五個錢幣鑲在象徵教堂的彩繪玻璃上方。教堂在這張牌中有個非常重要的意義，象徵提供資源協助的場所，不是提供長期居住或長期支援，而是提供暫時幫助的避難所，提供我們當下的物質支持、生活上的照顧和溫暖，同時讓我們躲避黑暗、冰天雪地、受傷跛腳的窘境。兩個行人看起來有點像乞丐，走在前面的人沒有穿鞋子，後面的人腳包紗布、拄著拐杖，在黑夜的雪地中前行，但他們的臉都沒有面向教堂。

這張是錢幣的5號牌，所以和數字5的面子有關，個性不求人，所以自己會想辦法解決。就算處境辛苦，但有時還是會婉拒別人提供的資源，他想要透過自己的力量來試試，靠自己度過這個難關。

在辛苦或窮困的艱難處境中，幸好他不是獨自一人奮鬥，還有夥伴同行。同時，就算處境再艱苦，他還是想透過自己的力量來度過這一切，但這並不表示他做不到，他做得到，甚至會做得不錯，他只是想證明自己是可以的！這樣的人可能會為了面子或爭一口氣而苦了自己，如果你是他身邊的人，不妨叫他

走進教堂，求助也是一種選擇，不用每件事都得證明靠自己就可以完成。

引導提問

1　你是牌面上的哪個人？你旁邊的人是誰？在這件事情上，你想靠自己去完成嗎？

2　這個場景讓你想到什麼？你最近遭遇了什麼困境嗎？需要幫忙嗎？

3　你看到旁邊的教堂了嗎？教堂象徵提供協助的避難所，在生活中就有資源可以協助你，你願意開口求救嗎？

示範引導

當事人：老師，我現在大二，一天打三個工，早上賣早餐，中午幫人包便當，晚上幫忙煮關東煮，手都燙到了。

引導者：你這麼缺錢嗎？看你抽到這張牌，確實有點慘！有人和你一起嗎？

當事人：真糟糕！不過，我其實不太缺錢，家裡的經濟狀況還不錯，可是不知道什麼時候向家裡撂了一句狠話，可能是和父母吵架的時候吧，說我上大學的一切開銷都靠自己，不會拿他們的錢。有同學和我一樣是三份工讀。

引導者：這是你必須經歷的功課，你的父母應該也滿心疼你的，所以有時候不要太逞強，知道嗎？有需要就要告訴他們。坦白說，你現在還是學生，自己的本分沒有顧好，一直忙著打工，把自己身體搞成這樣，手也受傷。本分還是要顧，因為這張牌是5號的角色，本分是很重要的！要適時開口求救，尋求支援與協助。

Six of Pentacles

錢幣

6

算計衡量，以回饋及表現當作物質酬賞之標準。

⑥　物質平衡

　　錢幣6這張牌對應數字6，主角是個很有愛、慷慨分享的富翁，當我們物質生活富裕起來之後，就開始懂得給予，幫忙需要的人。同時，富翁手上拿著秤，一邊付出給予，一邊也在衡量物質的平衡，不會過度給予愛，也不會過度給予物質，尋求一種愛與物質平衡的美感。

　　有些時候，我們願意在物質生活上照顧對方，那是因為我們理解這個辛苦過程的不容易，也因為愛這個人，所以我們願意付出。愈愛對方，我們愈願意慷慨付出；相反地，對方與我們的關係不好，我們也就不太想在對方身上付出太多金錢。這就是錢幣6的衡量標準。你對我多好，我就會給你多少錢。考量的比較傾向「關係」，人與人之間的情感關係。

　　在牌面上，跪在下方的兩個人，是接受物質照顧的角色，身著橘衣的拿到了錢，著藍衣的沒拿到錢，從這裡可以看出兩人與富翁的關係，其實是很不一樣的。像是「看我有多愛你，我就給你多少。」「我把你的生活物質層面照顧得這麼好，是因為我對你有很多的愛。」或「你想得到我的遺產，那我也要看你

有多孝順。」

引導提問

1　你覺得自己比較像牌面中的哪個人？這個場景會讓你想到什麼？

2　你是物質上照顧對方比較多的人？還是被照顧的那個人？

3　當你考慮是否要做這個決定時，是如何考量這個付出是否平衡？

示範引導

當事人：我想要問和曖昧對象的關係。

引導者：你抽到錢幣 6，你覺得他是牌面中的哪個人？如果他是站著的這位，他在生活中滿照顧你的，是嗎？

當事人：是呀！大部分都是他付錢，他在生活中也很照顧我，很常買東西送我。

引導者：通常抽到這張牌，伴侶都滿大方的，可能是滿會賺錢，人也慷慨不小氣。

213

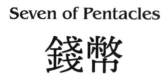

Seven of Pentacles

錢幣

7

面對很多的選擇，試著信任自己的直覺。

7 直覺選擇

　　錢幣7的牌面上，主角面對地上一堆錢幣，難以抉擇，一臉困惑，不知道該怎麼辦，等待一個結果出現。這是他種出來的農作物，結實纍纍代表了收成和收穫，滿地錢幣豐收，有點傷腦筋，不知道這些農作物要分送給誰。這個畫面就是他杵在那裡，不知所措。

　　這是個帶有象徵意涵的情境，這七個錢幣，可以是七個工作機會，假設投履歷，七個工作都通知你錄取上了；或是考研究所，七間學校都考上；家中有七台車，不知道今天要開哪一台出門。在這種時候，選擇少反倒是好事，因為錢幣7的煩惱就是「選擇太多」。數字7的特質絕對不是沒有選擇的選擇，而是選擇太多帶來的痛苦，面對太多選擇，不知道該怎麼辦才好。

　　選擇太多的困擾，是要我們再次回到以信任來做「直覺選擇」。或許你忽略了而沒看到某個選項，這可能是最接近你需要的選項，但你一直在看著別的地方；也或許你早已經做出決定，只是你一直在質疑「這真的是最好的嗎？」回到信任的課題，信任自己的直覺，放下過度思考。

抽到這張牌，也不必急著逼當事人做決定，因為他現在的狀態就是需要等待，先停在這裡。可以鼓勵他信任自己的直覺，如果他還是無法做決定，就允許自己暫停一下，或許轉身先做別的事，轉換心情後自然答案就出現了。

引導提問

1　滿地的錢幣代表什麼？選項太多讓你難以決定嗎？

2　停在這裡，你在想些什麼？心情如何？你在等待什麼？

3　你想選哪個錢幣？看見腳邊的錢幣了嗎？它代表哪一個選項？

示範引導

當事人：我想要詢問家庭關係。

引導者：這張牌是錢幣7，家裡現在需要做什麼決定嗎？太豐盛，所以有
　　　　點困擾是嗎？

當事人：其實是房子太多不知道該怎麼辦。有一間是買給小孩讀書住的，
　　　　先生和我住在另外一間房子裡，有時候覺得很痛苦，有時來陪小
　　　　孩住，又要找人打掃，覺得好煩……

引導者：真的是太經典了！是否需要簡化一下，讓自己不用花這麼多時間
　　　　來做出選擇。

Eight of Pentacles

錢幣

8

勤奮努力、專注投入，相信有收穫就有成就，認真打拚，專注在物質層面。

　　錢幣8闡述的是數字8的努力和成就感，專注投入、努力打造錢幣，獲取功成名就。如果問某件事情進展如何，抽到這張牌，表示這件事應該做得還不錯，例如學業成績或工作表現。設定目標投入，全力以赴，把做好的錢幣一個個掛起來。牌面主角是雕刻錢幣的工匠，他很努力認真打造錢幣，一個又一個接連完成，造好的錢幣象徵目標完成，懸掛起來的畫面象徵著得獎的獎狀或獎杯，得到了認同與肯定。達標之後，還有一個在旁邊等，事情一件一件完成，物質目標一個一個達到，非常符合數字8的性格。

　　問考試或學業的情況下，這張牌是個很好的象徵。我有個學生曾經問考研究所並抽到這張牌，我一聽就說：「你一定會考上。」（但是那時候我不知道他已經考上了。）我接著問他去考試了嗎？他才回答已經考過試，也考上了。我最後才知道其實他正在念研究所，他才坦承這是他去年抽的牌，覺得很準！

　　抽到這張牌的人，功成名就就在眼前。他會按部就班設定目標，循序漸進，把物質面的事一一完成，他的人生就是照自己的規劃前進，一個個完成，

旁邊還有新的目標和願景在等待他完成。

引導提問

1. 掛起來的錢幣代表了什麼？有哪些是你已經做得不錯的？
2. 你正在專注的事情是什麼？
3. 還有一個等著你去完成的，那又會是什麼？

示範引導

當事人：想進行一項工作計畫，我要如何準備，請給我一些建議。

引導者：你抽到錢幣8，代表你在這份工作上的基礎功夫已經做得不錯了，你看這些高掛的錢幣，都是你努力過後獲得的成果。

當事人：確實我一直都很認真，也做得還不錯，我很幸運，大家都滿肯定我的！

引導者：你可以專注投入這個項目，把大項目區分成比較容易完成的小項目，一個個達標，這樣會更有成就感，而且會做得很好！

Nine of Pentacles

錢幣

9

豐盛、優雅，獨自享受生活的豐足，具有品味，低調不張揚。

⑨ 低調/豐盛

　　錢幣9是貴婦牌，在牌面上會看到許多象徵豐盛的元素，葡萄園的豐收富足、滿花園的錢幣、穿著華麗衣裳的貴婦人正優雅自在地享受美好的物質生活。這個場景是貴婦人的後花園，後花園象徵外人難以看見的地方，對應數字9，有隱私低調的感受，這是只有她自己知道的私領域，也象徵了獨處、享受一個人的時光、僻靜的悠閒。

　　想像從外面的竹籬笆矮牆往裡看，其實看不見這些錢幣、葡萄，只看得到貴婦人的上半身，路人從外面窺探的視角無法得知這家人過著怎樣的生活，也看不到隱藏在葡萄園裡的許多錢幣。這張牌代表了物質生活豐盛，但又很低調。低調到連貴婦人養的鸚鵡都要用頭套罩起來，就像在告訴鸚鵡「你要低調，不可以到處宣傳家裡很有錢」。因為鸚鵡會去散布家中富裕、主人富有的事，貴婦人不願讓鸚鵡到處多嘴，才用頭套罩住鸚鵡。

　　這也象徵了外在的層面只顯示了一部分，內在層面還有一些隱藏起來的地方是外在看不到的，而且是低調、不可外傳、不能告訴別人的。暗指有些金錢

或物質的祕密，例如做了一些投資不讓別人知道、存私房錢、偷偷購物不讓別人知道。

引導提問

1　那隻鸚鵡有什麼不可說的祕密？

2　後花園象徵了什麼？你的哪些事情不想被別人知道？

3　低調又豐盛的生活，給你什麼樣的提醒？

示範引導

當事人：我想要詢問下一年度工作的狀態與提醒。

引導者：哇！你抽到錢幣9，感覺接下來的一年可以當貴婦人，可以很享受自己的豐盛生活。

當事人：真是太感謝了，辛苦打拚終於可以好好享受了。

引導者：但同時也提醒你，這是低調享受豐盛生活的狀態，而不是到處宣揚自己有多豐盛！或許會有屬於自己一人的旅行，或者獨處的貴婦人生活時光，這些都是很美好的體驗。

Ten of Pentacles

錢幣

10

⑩ 情感交流

物質滿足，但缺少情感交流，人與人的心理距離較為疏遠。

　　錢幣10這張牌帶有情感與物質並存的元素。牌面上滿滿的十個錢幣，排列成卡巴拉生命樹[1]的形狀，這是三代同堂的景象，一位富有的老人坐在前方，家裡蓋得和城堡一樣，一家人住在豪華的別墅裡。

　　老人住在別墅裡面，外人看著稱羨，但他卻覺得不那麼快樂，因為有錢卻沒人理他，只有狗陪他玩耍。三代同堂，老人把財產與物質豐盛的條件傳給下一代，而這對夫妻接管了家族的事業、金錢與豐盛能量。這張牌的主角是老人，象徵了「有錢的孤單老人，孤單的有錢家庭」。

　　抽到這張牌的人常常會覺得：這個家裡面，好像老是在談物質的種種，好像大家都在各忙各的。牌面上的夫妻，一個進來一個出去，他們擦身而過，沒辦法好好停下腳步關心彼此，隨時都處於忙碌的狀態。孩子也有點不

1｜生命之樹，是一種在猶太教使用的神祕符號，屬於猶太教哲學傳統卡巴拉的一部分思想。生命之樹用來描述通往上帝的路徑，以及上帝從無中創造世界的方式。生命之樹由十顆圓球及二十二條路徑（對應塔羅 22 張主牌）所組成，而其中十顆圓球就是錢幣 10 所看見的十個錢幣的排列圖形。

知所措，覺得自己被忽略，只好拉著媽媽的衣角尋求關注。老人與狗玩耍，有陪伴的感覺。

這張牌表示較為缺乏家人之間的互動，提醒我們要多關注人。抽到這張牌的人，心裡會有點孤單、空虛，多半會提起家庭中的交流大多圍繞在工作、學業上的互相較勁，缺少情感交流。

引導提問

1　你是牌面上的哪個角色？老人、夫妻、小孩，還是狗？
2　這樣的互動給你什麼樣的感覺？感覺孤單嗎？這是你家庭的寫照嗎？
3　如果可以，你希望這場景會有什麼不同？

示範引導

當事人：我想問與家人的關係。

引導者：看錢幣10這張牌，你直覺認為自己是哪一個人物？有什麼感受？

當事人：我覺得我是這個小孩，這其實滿像我家的樣子，我爸媽都在忙公司的事，很少管我。每次吃飯時間都是在談股票投資，或者問我讀書怎樣，又拿表哥表姊來和我比較……

引導者：聽起來有點無奈，是嗎？我也聽出來，你希望他們真正關心的是你這個人，而不是只會談工作、股票和你的學業。

Page of Pentacles

錢幣

侍衛

專注在物質層面，焦點集中在自己所投入的事業、學業與健康。

錢幣侍衛　專注投入

　　錢幣侍衛：土中之風，由兩個元素組成，形成了物質議題上的初始階段。

　　錢幣是土元素象徵物質穩定；侍衛是風元素，就是變動、變化、赤子之心、好奇心、探索、機伶的感覺。所以是在探索與好奇的階段，還會有些變化。

　　對應詢問的事情，或工作、學業、學習等議題，都在起步階段，還在進行新人培訓與學習；這項投資還處於變動中；剛開始的創業階段還在發展；新的門市正開始營運，還在調整的階段。

　　侍衛看著錢幣，用心觀察，帶有珍惜、專注、落實、穩定、優雅自在的特質。因為這張牌象徵才剛開始發展的狀況，需要耐心等待，不要急，慢慢看著將會如何進展。

1. 你在觀看什麼？對於你想做的事情有什麼感受？
2. 目前是這件事情剛開始的階段嗎？你的心情如何？
3. 起始階段，是一個新的開始，你想要學習探索什麼？期待能獲得什麼？

示範引導

當事人：我接了一個新工作，想知道怎樣可以做好？

引導者：你抽到錢幣侍衛，這是一個很穩定、很務實的狀態，剛起步，每一步都自在優雅地向前進。

當事人：保持穩定，這確實給我很好的提醒，因為新的任務最近讓我有些緊張。

引導者：專注投入，用心去做，保持赤子之心與好奇心，我相信就能輕鬆完成任務！

Knight of Pentacles

錢幣

騎士

錢幣騎士 ⛰ 蓄勢待發

準備出發，一切都準備好了，就等跨步出去。

錢幣騎士：土中之火，由兩個元素組成，形成了物質目標上的行動展現。錢幣是土元素象徵金錢物質；騎士是火元素，像是黑馬般的行動力。

對比四張騎士牌，錢幣騎士的馬匹是唯一處於靜止狀態的，象徵著看向遠方的物質目標，現在是準備好、有打算、有計畫地朝向未來，穩定地邁進。

騎士代表了行動，黑馬象徵了爆發力，一開始可能不被看好，但是會後來居上。黑馬頭的方向與騎士一致，看向同一個未來的目標。騎士全副武裝，帶著錢幣要往前走。過去所做的努力和準備，都是為了迎向目標的一種蓄勢待發狀態，準備好了就可以啟程，帶著錢幣往前走，帶著行動的力量去迎向未來。

1 過去曾經做過些什麼樣的努力來奠定現在的基礎？

2 如果你是黑馬的主人，你期待迎向什麼樣的未來？

3 為了完成目標，你做了些什麼樣的準備？如何把自己準備好？

示範引導

當事人：這個月底要去參加比賽，不知道會如何？

引導者：抽到這張錢幣騎士，感覺你是黑馬，有爆發力，你對自己有信心嗎？

當事人：我就是覺得滿緊張的……

引導者：你可以做什麼準備？上場前，不斷做練習題、模擬測試、做各種預演準備，這些可以讓你內外在都準備充足，蓄積能量，好在正式上場時全力展現！

諮商塔羅｜小阿爾克那‧錢幣‧騎士

Queen of Pentacles
錢幣

皇后

在物質的經營上，請讓愛與情感流動、感受、表達。

錢幣皇后 ▲ 灌注感受

錢幣皇后：土中之水，由兩個元素組成，形成了物質目標上的溫柔、溫暖、灌注情感。

錢幣是土元素象徵務實的力量；皇后是水元素，一股愛的力量。錢幣皇后是務實又溫柔的力量，兼顧了物質層面，也充滿情感面的力量。

土中之水，象徵鬆散乾枯的土，加上水元素的滋養與灌溉。讓人覺得土不再乾涸，這張牌帶有滋養、灌溉的意思。看到植物盆栽的土壤乾枯的時候，會直覺想替植物澆水，帶著一種滋養的愛，因此植物在你的照顧下會更加成長茁壯。

錢幣牌到了皇后階段，會帶有一種更穩定的成熟感，在這個階段，你要用更多的愛和熱情來持續行動、正在做的目標，才能讓物質目標這棵大樹繼續強壯。

這個皇后擁有許多愛、關心、關愛，她面帶微笑，照顧著錢幣，旁邊還有隻小兔子（皇后的寵物通常都是比較可愛的，像是貓、兔子。國王就會搭配蜥

蝎。）用愛來灌溉，讓物質目標長得更好，讓你投入的事情可以更加茁壯、更豐盛，而這個錢幣就更加穩固。

引導提問

1. 皇后坐在這裡，你覺得她在想什麼？她的心情如何？
2. 你最近有什麼物質目標嗎？你做的這件事，需要灌注些什麼情感層面的關愛？
3. 旁邊這隻小兔子象徵什麼？讓你想到誰？

示範引導

當事人：我想問身體健康，為了健康去運動感覺好累，但又好像應該要去運動才對⋯⋯

引導者：抽到錢幣皇后，她是一位物質與情感兼顧的皇后。你認為如果要向這位皇后學習，你會學到什麼？

當事人：或許是找回熱情吧！我好像太看重運動表現和運動量的數據，忽略身體健康更需要情感層面。

引導者：這張牌在提醒你，找到可以投入熱情的點，讓你可以用愛去灌溉健身的過程，找到健身的樂趣，用愛去滋養身體，這樣運動起來會更開心又健康！

King of Pentacles

錢幣

國王

錢幣國王　⛰　穩定不動

毫無變化、太過穩定、呆板、平靜無波。

錢幣國王：土中之土，由兩個土元素組成，形成了物質上的穩定、規律、務實，或沒有變化。

錢幣是土元素象徵物質金錢目標；國王是土元素，落實、穩定、圓滿、成熟的男性能量。

當土元素遇上國王，就是雙倍的土元素，穩定中的穩定，物質文風不動。牌面上的國王好像快睡著了，葡萄藤蔓已經爬滿全身，藤蔓好像是從很遠的地方爬過來的，中間經歷了漫長的時間，他似乎在這裡坐了好久好久，一動都不動。

累積了很多的財富，很有錢、很豐盛、很穩定、很規律而且一成不變。

問夫妻關係，抽到這張牌，就代表老夫老妻，沒有任何變化、變動。問工作，抽到這張牌，表示這間公司很穩定，職務內容很規律！你可以日復一日、年復一年，在這裡工作三十年都沒問題。

引導提問

1　國王坐在這裡坐多久了，會不會想要站起來活動筋骨？

2　如何規律地完成目標？如何讓自己做到穩定的持續累積？

3　當你擁有且達到足夠豐盛的生活時，你想做些什麼？

示範引導

當事人：我想找指導教授，現在有一個人選，想了解如果找他指導的話會
　　　　如何？

引導者：抽到錢幣國王，感覺是個很穩定、規矩的教授，應該可以讓你順
　　　　利畢業。

當事人：穩定、規矩，所以沒有創新嗎？

引導者：這張牌沒什麼創新的感覺，因為是兩個土元素的結合，他應該會
　　　　認真討論你的論文，讓你很有紀律地把論文完成，或許你會覺得
　　　　有點無趣，但就看你想不想要這樣的關係。選他可以讓你穩健地
　　　　完成論文，但如果你喜歡創新有趣或突破性比較大的論文指導風
　　　　格，這位錢幣國王或許就不是適合的人選。

第五章

解讀心法與
牌陣介紹

學習完牌義後，這一章要進入實際的牌陣解讀。

在第一章談到了「信任直覺、中性解讀、發揮想像力與創造力」，第二、三章的22張主牌以及第四章的56張副牌，闡述了每個數字的含意、元素象徵，及每一張牌的提問關鍵，這些都是基本功夫。最後在第五章，將介紹幾種最重要的解讀心法，以及超好用牌陣，讓大家可以輕鬆上手、運用自如。

·自我應驗預言·

「事情的發展，真的依照解讀者描述的方向發生了……究竟是他說的很準，還是你的自我暗示太強大？」

當我們開始思考這個問題並且清楚分辨「什麼才是關鍵」時，代表能夠正確使用塔羅牌帶給你的訊息，善用這個力量，才能不被塔羅牌綁架，才不會落入迷信、執著與負面情緒之中。

未來發生的可能性，是對每一個當下的回應。如果你問「我這樣做會如何？」抽到讓你覺得恐懼的牌，就會被恐懼驚嚇，並且帶著恐懼繼續前進，過程中每個當下的恐懼積累，會造成未來的大恐懼與負面結局，當然這結果必定是符合恐懼擔憂的自我暗示。

相反地，如果透過這張讓你心生恐懼的牌，能夠問自己「這要給我什麼訊息，為何我現在會抽到這張牌，它要告訴我什麼，要我往什麼方向去，它是否指出我當下的害怕與盲點。」讓自己覺察並調整觀看高度，例如「這是一個轉念的時刻，要釋放恐懼，不要自己嚇自己，我現在要先給自己肯定的信心。」於是會發現事情開展時的正向力量變得格外重要，當我們帶著好的開始向前推展，對於過程中的心情與狀態都會有正向幫助，正因為記住了這張牌帶來的鼓勵與提醒，而非只是記住恐懼，接下來成功的機率就會很高。

我們相信，內心被暗示什麼，未來就有可能成真。無論是自我暗示，或是相信他人的暗示，這就是心理學上著名的「自我應驗預言」（self-fulfilling prophecy），又稱「自我實現預言」，也就是「比馬龍效應」。當事人的痛苦心情，有機會透過牌卡諮詢的歷程，經過釐清和討論，進而釋放恐懼，看見提醒與鼓勵，帶著正向的信念，往更美好的方向前進！

· 如何問對問題 ·

在獲得正確答案之前，要先「問對問題」。因此，不必急著在當事人一坐下來就開始洗牌，我們要先確認好問題之後再往下走。帶著一個好的問題去洗牌及抽牌，詢問方向與意圖才會正確，塔羅牌也才能夠精準回應及釐清困惑，同時也能做出正確的決定。

以下步驟對於自己抽牌解讀，或替他人諮詢解牌過程都適用。自己抽牌時，把問句中的「你」換成「我」就可以了。

請用開放式問句

許多當事人很想從解牌過程中獲得一個「答案」，因此常常會問封閉式的問句，即「是或否」的問題，這時候請「轉化這個問句」，盡量用開放式問句來進行塔羅諮詢。

例一：「關於這件事，我想知道我老公在想什麼？」轉化成「我們來探索你和你老公的關係，在這件事情上，看看潛意識有什麼訊息想訴說？」（What）

例二：「我做這件事會不會成功？」轉化成「如果我做了這件事，會如何？」（How）

誰是主角？只問自己的問題

對於很想「揣測對方心意」及很關心「別人在想什麼」的當事人，需要做一些引導以及轉化問題。因為我們面前的「當事人」是主角，鼓勵他只問與自己有關的問題。如果他真的很想知道別人是怎麼想的，那就請那位「別人」自己來抽牌，如果當事人還是執意要抽，也要讓他知道，他抽出來的牌也只能代表「他的揣測」，並非對方真的如此想！

既然當事人已經來到面前，該怎麼進行這段諮詢？舉例來說，當事人問：「我想知道我男友在想什麼，我想知道那個女生喜不喜歡我，我想知道他是否會原諒我，我想知道我爸爸生病會不會好起來，我想知道我兒子未來

適合做什麼」。這類的人際關係問題，我都稱為「表面問題」。首先，要知道他會提出這樣的問題，背後的心理需求是什麼？再來，當事人他們的互動關係又是如何？令人好奇的是，他真正想知道這件事的背後原因是什麼，知道了又會如何。

因此，當事人在探問別人的想法時，可以先讓他抽張牌，「先看看你們之間的關係如何」，看到關係互動中呈現出來的狀態，就能進一步解答他的需求與困惑。這麼一來，表面問題可能不再是問題，因為他的需求在諮詢解讀的過程中已經被滿足了。

先花時間來釐清及聚焦問題

步驟一：大主題方向

「你今天來想問什麼？你想瞭解什麼？你最關心的是什麼？」
「你有什麼期待嗎？你希望我幫你什麼？」
「工作、感情、家庭、人際關係，想問的是哪個主題？」

步驟二：聚焦出具體問題

感情篇：
「想聊感情的主題，那你想了解感情的什麼呢？」
「想問和特定對象的關係？還是沒有對象？」
「想做什麼決定嗎？分手或是在一起？」

工作篇：
「想聊工作的主題，目前工作的狀況如何？遇到瓶頸了嗎？」
「在職中，想要換工作？還是待業中，想要知道工作方向？」
「你說面試上幾個工作，所以想知道哪個比較好，是嗎？」
「自己創業，事業方向想要有所調整，所以想尋求建議，是嗎？」

親友篇：

「你說孩子讓你很煩惱，那我們先來看看你和孩子的關係狀況……」

「我們來看看，你可以怎麼和孩子相處，對彼此才是最適合的。」

「在你和母親之間的互動關係上，看看是否能提供一些建議給你。」

步驟三：提出核心問題

有時候，在步驟二就能完成問題的整理，直接進入洗牌階段。

但往往在協助對方整理問題時，你感受到他的問題似乎只是「表面議題」，這時候就需要步驟三，來幫助他澄清當下問題的核心，以及當下比較需要先處理的議題，例如：

當事人：我想要談戀愛，想交男朋友，我想問何時會有對象出現？

引導者：你上一段感情是什麼時候？

當事人：我其實不算談過戀愛，都是單戀，我喜歡對方，但對方都不知道……

引導者：你嘗試過向暗戀的人告白嗎？如果把喜歡表達出來，是不是就有機會交往？

當事人：我就是怕對方不喜歡我、拒絕我，最後搞得連朋友都當不成。我默默喜歡就好，因為我對自己很沒有自信，覺得那些男生都很受歡迎，一定不會看上我……

引導者：那我們先來探索你和自己的關係，看看透過塔羅牌，能否給你一些感情上的建議、如何提升自信的建議，好嗎？這樣你有自信了、能夠展現更多笑容、更開朗，我相信這樣會更有吸引力。

當事人：好呀！我覺得可以先討論缺乏自信這個問題，也是我一直以來的問題，我的沒自信搞得我在工作上、人際關係上都很自閉……

引導者：來吧！你來洗牌，看看內在要給你什麼訊息與鼓勵。

步驟四：進行洗牌

確認好問題之後，稍微梳理當事人的問題，簡單摘要，接著把牌交給他，請他想著這個問題洗牌。可以這樣引導：

「請你洗牌，用自己的方式洗，洗牌的時候一邊想著今天的主題：（參考步驟三的案例）如何提升自信的建議……」

「請牌給你一些訊息，讓你在這個主題上需要了解的訊息，都能真實地反映出來。」

「洗到你覺得可以的時候就停下來，再把牌交給我。」

引導者把洗好的牌接過來，把牌展開成扇形。

● 要把牌交給當事人洗牌嗎？

把牌交給當事人洗牌，重點是讓他投入連結中。這是一個儀式，他可以透過親自洗牌的過程，讓自己做好準備。碰到遠距個案或線上抽牌時，只要當事人授權你抽牌，就代表允許和同意，對方也投入這個意願，一起參與其中。

在心理層面，則是需要佈置一些讓個案可以投入的儀式，某些個案也會覺得「自己親手洗牌才甘願臣服」。

如果在你的系統中或其他任何考量下，只由引導者洗牌，個案負責抽牌，也是可以的。

步驟五：選擇適合的牌陣

在整理問題的過程中，引導者可以思考。哪個牌陣最適合當事人此刻的提問。因此，當事人在洗牌後，引導者就可以決定好「張數」，要使用幾張牌的牌陣來進行塔羅諮詢，請當事人抽出對應的牌卡數量。

全部抽完之後再一起翻牌，不要一邊抽一邊翻，才不會讓牌面影響到後面抽牌的心情。

假設這次選用的是「四張牌」的四元素牌陣，就可以直接請當事人隨機抽出四張牌，依照抽出來的順序把牌放好。

補充步驟：切牌

在抽牌前，可以進行切牌，把整疊還未展開的牌，請當事人隨機抓取一疊，一切為二。被切起來那一疊「最下方那張牌」就是切牌的訊息，提供給引導者參考使用。

切牌代表的意義，可以了解當事人此刻的心境，以及當事人面對這個問題的心理狀態，也就是當事人詢問這個問題時的當下寫照。

是否需要切牌，引導者依照當時狀況，信任直覺來決定即可。很多時候，我也不會使用切牌，因為牌陣中的張數若是足夠，訊息也足夠讓當事人了解，對他的問題已經有所回應與幫助，其實不要切牌也可以。

在幾次個案諮詢過程中，我選擇了請對方切牌，這張切牌的訊息提供了更多當事人沒有說出口的部分，也將當事人的盲點看得更清楚，當事人自己也覺得十分神準！

如果要使用切牌，就要在抽牌前，把切牌當作「前導牌」來理解。而這張切牌，通常不會進行解釋，只是提供引導者參考。因此，引導者看完這張切牌是什麼之後，只要記住就好，這張牌可以直接放回牌堆中。

·單抽一張·

適用時機：

一、每日提醒：給予我今天的生活提醒與指引。

二、反應現況：關於我現在此刻的狀態，給我最需要知道的訊息。

三、給予建議：關於這件事情，要給我什麼建議？要讓我學習什麼？

四、快速抽牌法：沒時間進行大牌陣的解讀，就可以單抽一張牌來探索。

·時間序列牌陣·

適用時機：

可以依照你想要探索的時間節奏來抽牌，可以是一週、一個月、一年，了解這個趨勢的發展，可以對照你安排好的計畫與行程，看見優勢、焦慮及需要注意之處，記住這張牌給予的鼓勵與提醒，奠定好心理準備，更好地迎向未來。

解牌重點：看見牌義的提醒，朝著建議、學習功課去解讀。

一週牌陣指引（抽七張）

可以固定一天當作起始的第一天，為自己面對即將到來的一週加油打氣！例如星期日晚上就可以抽出七張，第一張代表星期一的指引，第二張代表星期二，以此類推。到了星期日晚上，結束這一週時，可以回顧一下這週過得如何，是否呼應了塔羅給自己的提醒。

一年牌陣指引（抽十二個月）

———

　　每年年底，都可以進行新年的「年度運勢抽牌」，抽十二張，依照時鐘的排列方式，順時鐘方向排列，抽出來的第一張代表一月份的能量指引，放在一點鐘位置；抽出來第二張代表了二月份，放在兩點鐘的位置；以此類推。

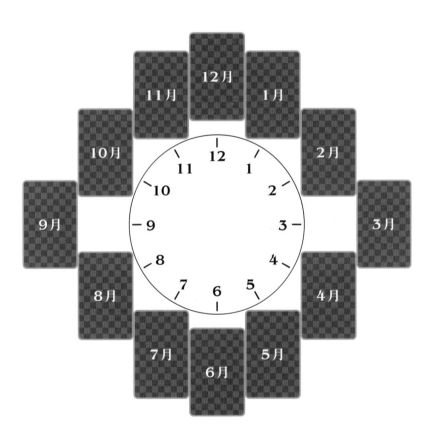

·三張牌陣·

這裡提供兩個三張牌陣，都是萬用的牌陣，任何主題都適用。

過去、現在、未來

適用時機：

想要知道時間發展的影響，不只是看到現在，更是了解到過去如何影響現在、現在可以如何創造未來，三者息息相關，彼此關聯。

抽出來的第一張牌，放在數字1的位置，代表過去的狀態，你所認為的過去。

抽出來的第二張牌，放在數字2的位置，代表現在，當下此刻的狀態，以及需要學習的課題與指引。

抽出來的第三張牌，放在數字3的位置，代表未來的狀態，這是你想像的未來，以及帶給你的提醒。

身心靈

適用時機：

想要了解三個不同意識層面的訊息，也非常適合針對某一個主題或事件來抽「身心靈的建議牌」，獲得三個面向的指引。也可以直接抽「生活狀況」，能顯示出目前生活的身心靈整體瞭解。

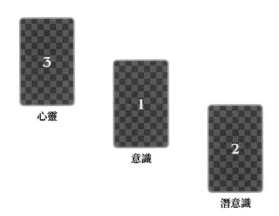

心靈

意識

潛意識

抽出來的第一張牌，放在數字1的位置，代表意識層面已知的部分。

抽出來的第二張牌，放在數字2的位置，代表內在潛意識冰山下的隱藏真實狀態。

抽出來的第三張牌，放在數字3的位置，代表靈性層面的指引訊息與建議。

·多擇一牌陣·

適用時機：

當事人描述自己有兩個或兩個以上的選項時，可以協助他釐清對這些選項的內心偏好。

一、抽牌前，可以先聊一聊他的想法，心中有沒有什麼偏好考量。

二、抽牌時，詢問他抽牌的順序：你想先抽哪一個選項？

三、詢問他翻牌的順序：你想先翻哪一個？你想先聽哪一邊？

二擇一

二擇一牌陣，像是延伸出了兩條路徑，可以做兩條路徑的感受比較。

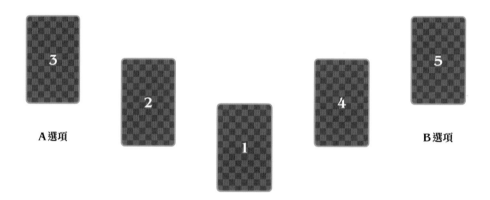

1的位置，代表你的現狀。

2的位置，代表A選項的狀態，選擇A會如何。

3的位置，代表選擇A的可能未來及結果發展。

4的位置，代表B選項的狀態，選擇B會如何。

5的位置，代表選擇B的可能未來及結果發展。

多擇一

———

選項有兩個以上時，可以使用這個牌陣。這是由「身心靈牌陣」演化發展出來的，有幾種選項，就抽幾組身心靈牌陣。如果有A、B、C三個選項，就抽出三組身心靈牌陣來比較選擇。（如果選項只有兩個，要二擇一，抽兩組身心靈牌陣來比較就可以。）

案例：想安排旅行計畫，目標地點有三個，A、B、C哪個地點最適合今年的跨年度假？

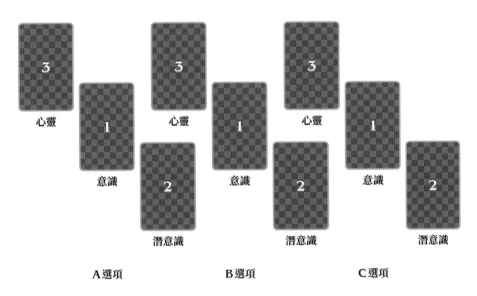

·四元素牌陣·

適用時機：

　　四元素牌陣是非常適合分析各種面向的牌陣。在一個主題上，可以從土、水、火、風四大元素去了解，讓四大方向的觀點能同時呈現出來。此牌陣可以完整分析問題目前的概況，算是一個全觀視角，任何問題均適用，是萬用牌陣。（問現況或建議皆可。）也可以直接抽「生活狀況」，能顯示出目前生活的四元素概況。

　　1的位置，土元素：工作、學業、金錢物質、健康。
　　2的位置，水元素：感情、情緒、人際關係。
　　3的位置，火元素：目標、行動。
　　4的位置，風元素：思考、傷害、限制。

　　由於四元素牌陣沒有時間線，所以牌陣呈現的結果是問題「當下」的狀況，或帶出「提醒」的功課。當情況改變，就可以再抽一次。重點是如何從中找出癥結所在，進而尋求解決之道。

　　這個四元素在引導過程中，可以用下列的切入方式去提問（而「答案」就是翻開的牌面）。

　　示範引導一：想了解我與老公之間的夫妻關係。
　　1、土元素：反映了你和他的夫妻互動關係中，金錢與物質的能量狀態。

2、水元素：反映了你和他的夫妻互動關係中，情感交流與情緒感受的狀態。

3、火元素：反映了你和他的夫妻互動關係中，行動的方向與做事的風格。

4、風元素：反映了你和他的夫妻互動關係中，想法、思考與價值觀。

示範引導二：我要做某個決定，想要知道四大元素各給我什麼支持、建議或提醒。

1、土元素：反映了這件事，金錢或物質層面給你的支持與學習。

2、水元素：反映了這件事，在自己內心感受、人際關係裡的支持與學習。

3、火元素：反映了這件事，行動的方向與採取行動時的支持與提醒。

4、風元素：反映了這件事，你自己內在想法與思考是否受限，審視思考的慣性。

·鑽石型牌陣·

適用時機：

想對問題有更清晰的瞭解，可以了解內在與外在的影響，以及在這個問題上的需求，並能獲得答案。

1的位置，代表問題或事件本身，反映出此刻的狀態。

2的位置，代表這件事的內在影響，或表現於內在層面的影響因素。

3的位置，代表這件事的外在影響，或表現於外在層面的影響因素。

4的位置，代表要解決這件事，你所需要的練習、課題或挑戰。

5的位置，代表這件事會朝向什麼樣的方向發展，提供了一個解答。

·七張牌陣·

適用時機：

想知道自己對於某個主題（事件、關係）的發展狀況時。（過去、現在、未來三張牌陣的進階版。）

想知道某個問題的「優劣分析」時。

想瞭解過去的影響及未來可能會經歷什麼樣的功課時。

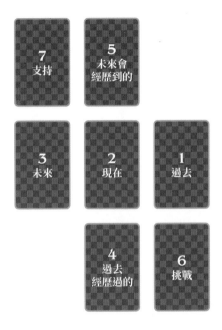

1的位置，代表過去的狀態，你所認為的過去。

2的位置，代表現在，當下此刻的狀態，以及需要學習的課題與指引。

3的位置，代表未來的狀態，這是你想像的未來，以及帶給你的提醒。

4的位置，代表在過去的生活經驗裡，這件事帶給你哪些學習與成長、曾經歷過什麼。

5的位置，代表在未來的生活旅程中，這件事將會帶來哪些學習與成長、將會經歷到什麼。

6的位置，代表這件事情比較弱勢的部分，你所需要的練習、挑戰或考驗，將帶來跨越的力量。

7的位置，代表這件事情比較優勢的部分，你會獲得的支持力量。

· 賽爾特十字牌陣 ·

適用時機：

想知道自己對於某個主題（事情、關係）的想法、感受、發展狀況。

想知道此狀態的環境影響分析時。

　　任何問題都能使用這個牌陣，這是個萬用牌陣，所需要的解讀時間較久。

可以直接抽「生活狀況」，能顯示出目前生活的整體狀況。

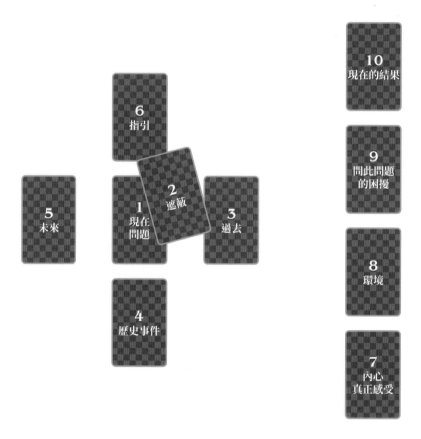

　　1的位置，代表現在的問題情境。

　　2的位置，代表阻礙你看清楚問題的遮蔽因素。

　　3的位置，代表過去的狀態，你所認為的過去。

　　4的位置，代表在過去的經驗裡曾發生什麼樣的事件與狀態，並成為現在

的基礎。

5的位置，代表未來的狀態，這是你想像的未來，以及帶給你的提醒。

6的位置，代表最佳的狀態與結果指引。

7的位置，代表自己目前真正的內心感受與態度。

8的位置，代表環境因素的影響（干擾或支持）。

9的位置，代表自己心中的期待或擔憂，或是問這個問題時的困擾。

10的位置，代表現在綜觀整體後的結果。

·補充·

除了塔羅牌之外，更可以多種牌卡一起使用，增加豐富性，讓訊息更完整。

提供幾種最常用的牌卡，可以互相搭配，分別有不同的功用與切入面向。

「塔羅」的面向：帶出生命課題的提醒，一針見血的深度，提供面對困難的心靈智慧。

「天使卡」的面向：帶出核心主軸，以及更高層的靈性訊息。

「情緒療癒卡」心理投射卡的面向：生活議題的呈現，帶出廣度的探索，面對真實的情緒狀態。

「心靈原型卡」、「很角色／天賦特質卡」的面向：人格角色的呈現，有哪些人格特質冒出來給予支持，現在的特質、要放下的特質、渴望的特質。

「珍愛卡」的面向：面對生活的主題，真實看見生活狀態的反應，需要學習些什麼。

「愛的功課卡」的面向：指出關係中的本質與面貌。

·如何增進解牌功力·

我準備了幾個增加解牌功力的方法，希望大家多多練習，讓解牌功力與日俱增。

1.多練習與不同人對話：不僅能豐富自己對於每張牌的理解，更能聽到不同人的故事，對應不同的生命經驗，同一張牌有著不同主題的詮釋。

2.多收集比較牌卡：坊間塔羅牌的種類非常多，可以收集自己喜歡的牌，能看到不同畫家對於同一張牌的不同呈現，例如每套牌的「愚者」長得都不太相同。當我們去觀察這些細節時，可以練習並提升敏銳度。

3.試著「彩繪你的塔羅牌」：義大利聖甲蟲公司出版了一套22張主牌的「COLOR YOUR TAROT」，是具著色功能的塔羅牌，使用者可以塗上自己喜歡的顏色，替自己的塔羅牌進行彩繪，不僅獨一無二，又能擁有個人對於顏色的詮釋風格，非常推薦。

4.與朋友快問快答：練習牌義時，可以與朋友一起玩這個遊戲，隨意翻牌，直覺說出對這張牌的想法。不僅可以練習直覺，更可以練習流暢度。

5.增加觀察：在生活中總有機會觀察到一些象徵符號，例如旅遊或散步時，到教堂、廟宇、建築物、雜誌等，都有機會看見一些訊息與符號，可以將和塔羅牌面相似的記錄下來，培養並提升觀察力。

6.保持開放的心，去除二元判斷：任何一張牌都沒有絕對的好與壞，都是兩面共存的力量。陰與陽共存、好與壞共存、喜悅與焦慮常常也是共存的。當事人很喜歡問，「那這樣是好的嗎？」「這樣是不是不好？」我們也要練習回應，「怎麼樣都是有意義的，我們來看看這是要給你什麼訊息……」，而不是用「好或壞」去回應對方。

7.不直接給建議：任何決定都一定要回歸到當事人身上，讓他自己做出決定。我們可以透過塔羅牌解析牌卡呈現的現象，藉由諮詢引導的過程讓他看見新的可能性，對他的決定有所助益。

8.練習傾聽、讓對方多說一些：在塔羅解讀過程時，有時我們會一直顧著說，忘記稍微停下來問問對方的感受、問問對方有沒有想到什麼。記得留一些時間給當事人，聽聽看他怎麼說，而我們的傾聽也能讓當事人產生「被接住」的感覺。一來一往的交流，才能稱得上完美的塔羅諮詢引導。

9.觀察對方的神情與非語言訊息：塔羅解讀的過程，不要忘記了最重要的主角是我們面前的「當事人」，而不是塔羅牌。是這個人帶著問題來到我們面前，人這個主體是最需要被關注的，當我們專注於解牌時，千萬記得要回頭看著當事人，觀察對方的神情，像是皺眉頭、撇嘴、眼睛發亮、冒出笑容等都是重要的關鍵。

‧‧

　　我們在生活中有許多「情緒應對」的經驗和因應情緒的方式，都是從小教育養成的，父母常會說：「怕什麼，這有什麼好怕的！」會讓小孩退縮，或被嚇到。孩子因此會覺得：「我不該表達這樣的情緒，我要裝得一副很有辦法的樣子」。或是他一哭就被責備：「有什麼好哭的。」

　　我的觀察是，有些情緒經驗是來自如何表達情緒的訓練過程中受到制約的結果。其實很多道理我們都明白，可是要做到還真有點困難，因為在我們的學習資料庫裡沒有這種經驗。搜尋不到正向的情緒表達經驗，又怎麼能夠期望自己表現出這樣的行為。

　　在塔羅諮詢的過程中，可以重新帶入這樣的「新練習」，讓當事人練習，用別的方式表達自己的感受，其實是安全的。你們可以先進行討論。有的人不會表達感受和情緒，也有比較負面的情緒經驗，是因為他沒有正向的經驗。沒有也沒關係，我們可以幫他重新建立經驗。我會告訴他，他過去學會硬撐、保持鎮定的方式，也是學習來的，我們現在只是用新的模式取代這個經驗。

　　在諮詢過程當中，會有機會聊得更深入，比如說：「你爸爸就是這個樣子嗎？或教你這樣表達的是媽媽？你是從哪裡學到這件事的？」

　　也可以問：「不知道你有沒有遇過這樣的人，很自然就可以說出我現在很緊張，或我很害怕。你覺得這樣的人給你什麼感覺？你想變成這樣的人嗎？」

　　這是一個重要的關鍵，他可能會批判這樣的狀態，他可能不允許自己變成這樣。比如他抽到聖杯國王這張牌，你可以協助他去探索，當他探索完之後，可以做一個新的決定：「你喜歡自己這樣硬撐的樣子嗎？」如果他現在覺得很好並不想改變，那也尊重他。

　　「如果你覺得現在這樣很好，也沒有特別的困擾，你覺得這樣做最安全，就繼續這樣做。如果，哪一天你想試試看用另一種方式來過自己想要的人生，你可以記住我說過的，你還有其他的選擇，你可以表達出自己。」

　　重要的是，我們埋下了一個種子，一個「原來我也有另一種可能性來表達自己」的種子！當他情緒慌張、焦慮、恐懼的時候，心裡就會冒出兩種聲音，「我要說出來？還是繼續忍耐？」從前他只有一種選擇，只有這個資料庫可以提取，可是現在他多了一種選擇，那麼他就可以更自由。他不會再說，自己沒有選擇，只好忍耐。

　　有很多個案都告訴我，「我就是沒得選擇，我就只能這樣。」這樣的情境會讓他們落入更深的無助，因為他們會很沮喪，覺得自己無路可走，只能這麼做，沒有選擇。

因此，這張牌讓我想到，很多事情都是透過覺察，可以去感覺「我到底在怕什麼」，所以當個案抽到這張牌，你可以問：「你會覺得害怕嗎？你看，海面上波濤洶湧，代表了你內在的情緒，可是你的樣子卻面無表情，你不覺得這樣怪怪的嗎？」

　　透過問句引導，以及金三角的練習，讓我們可以串聯「牌義、發生的事件情境與故事、當事人」這三者。這樣運用塔羅牌時，就不再會覺得牌是牌、人是人、問題是問題。

....

當事人：面對這段感情，我是否該繼續追求？

引導者：你問這個問題是想繼續追求，還是想放棄？因為你剛剛問的是「是或否」的問題，我要先釐清，你為什麼要問這個問題，是不是還有些其他想法？如果有，可能抽牌的就不是這個問題了。

當事人：對方其實是有對象的，我覺得我和他的這段關係好像隨時都會結束，我一直處於一種默默守護的角色。

引導者：所以聖杯侍衛這張牌其實是你的現狀，你默默地守護這一段感情。當然就回到你自身啦！因為這沒有「該不該」繼續，只有「要不要」而已。你可能心甘情願地默默守護了十年、二十年。你們這樣吵吵鬧鬧也二十年了，為什麼還沒有分開呢？對有些人來說會選擇分開，因為真的很難受。我也很好奇，為什麼你還繼續在這個關係裡？是不是這段感情還有些你很珍惜、想要守護、呵護的部分。我覺得其實你是願意守候的，但那個願意是什麼？你還是會繼續專注在這段關係上。你還是沒有想要走開吧。

當事人：我覺得很奇怪，為什麼牌面上的魚會在杯子裡？魚應該在水裡，這樣的話不就會無法呼吸，缺水而死？為什麼侍衛這麼自私，要把魚撈起來？

引導者：你會不會覺得你描述的這些聽起來有點熟悉？

當事人：對！我就是那條魚，我覺得很不自由。

當事人其實會開始將自己投射到牌面上，塔羅象徵的符號極為豐富，所以每一張牌都可以當作投射的題材。如果你可以保持開放的態度運用塔羅牌，當作是一種工具，會帶來許多意想不到的驚喜，你會驚嘆：「沒想到這張牌可以說出這種故事。」而且當事人竟然可以說出這麼多關於自己的投射，也很令人訝異。即使當事人沒學過塔羅，但他邊說、邊聽著自己說出來的話，也會獲得領悟，甚至說著說著就找到答案了。

輔助工具介紹延伸學習

———

成英姝，《神之手：認識你內在的二十二種神祕人格》（心靈工坊出版）。以榮格原型講述22個原型，也就是22張主牌。

藍寧仕，《新生命密碼：9個數字的能量，認識自己，開發潛能，找到幸運與成長》。介紹生命靈數。

諮商塔羅
問對問題才能找出潛意識裡的真相，明辨塔羅的指引，實踐真正的靈性成長

作　　　者	陳盈君
封 面 設 計	敘事
排 版 構 成	敘事
行 銷 企 劃	林瑀、陳慧敏
行 銷 統 籌	駱漢琦
業 務 發 行	邱紹溢
責 任 編 輯	劉文琪
總　編　輯	李亞南
出　　　版	地平線文化／漫遊者文化事業股份有限公司
地　　　址	台北市松山區復興北路331號4樓
電　　　話	(02) 2715-2022
傳　　　真	(02) 2715-2021
服 務 信 箱	service@azothbooks.com
網 路 書 店	www.azothbooks.com
臉　　　書	www.facebook.com/azothbooks.read
營 運 統 籌	大雁文化事業股份有限公司
地　　　址	台北市松山區復興北路333號11樓之4
劃 撥 帳 號	50022001
戶　　　名	漫遊者文化事業股份有限公司
初 版 一 刷	2020年1月
初 版 七 (1)	2022年6月
	台幣550元
定　　　價	978-986-98393-3-4
I S B N	

國家圖書館出版品預行編目 (CIP) 資料

諮商塔羅:問對問題才能找出潛意識裡的真相,明
辨塔羅的指引,實踐真正的靈性成長 / 陳盈君著. --
初版. -- 臺北市:地平線文化, 漫遊者文化出版:大
雁文化發行, 2020.01
　　面;　公分
ISBN 978-986-98393-3-4(平裝)
1. 占卜
292.96　　　　　　　　　　　　　108022606

版權所有・翻印必究（Printed in Taiwan）
本書如有缺頁、破損、裝訂錯誤，請寄回本公司更換。

漫遊，一種新的路上觀察學
www.azothbooks.com
 漫遊者文化

大人的素養課，通往自由學習之路
www.ontheroad.today
遍路文化・線上課程